小学館文庫

消された信仰

「最後のかくれキリシタン」——長崎・生月島の人々

広野真嗣

小学館

目次

「義のために迫害されてきた人たちは、さいわいである、天国は彼らのものである」

（マタイによる福音書第五章十節）

序章　ちょんまげ姿の洗礼者ヨハネ

〝消された〟信仰

　東シナ海に浮かぶ最果ての島で、「かくれキリシタン信仰」の祈りが現在も静かに守られている。島の名は「生月島《いきつきしま》」という。組織的な信仰がかろうじて残る最後のエリアだ。

　徳川幕府の禁教令下で、二五〇年以上にわたって弾圧を逃れながら密かに信仰を守ってきた特異な歴史を考えれば、スポットライトがあてられて当然の存在に思える。しかしながら、日本政府や長崎県の当局はその存在をほぼ無視している、あるいは意図的に〝消そうとしている〟のではないか――。

　一時期ほどのブームではないにせよ、ユネスコ（国際連合教育科学文化機関）の「世界遺産」への登録は、日本の地方自治体がおしなべて求める〝称号〟だろう。

　二〇一八年五月三日、ユネスコの諮問機関である国際記念物遺跡会議（イコモス）は、日本が推薦していた「長崎と天草地方の潜伏キリシタン関連遺産」を世界遺産リストに登録するよう勧告した。そして、六月二十四日からバーレーンで開かれる世界遺産委員会で、正式に登録された。日本では二十二番目の登録遺産となった。

この「長崎と天草地方の潜伏キリシタン関連遺産」は、現存するキリスト教建築物で国内最古となる国宝・大浦天主堂（長崎市・一八六四年建築）など、長崎・熊本にまたがる十二の構成資産からなる。

その一つに、生月島のかくれキリシタンが信仰対象にしている殉教聖地を含む、「平戸の聖地と集落」がある。

今、私の手元に、長崎県が作成した二種類のパンフレットがある。

一つ目は二〇一四年に作成されたもの、二つ目は三年後の二〇一七年に改めて作り直されたものである。読み比べてみると、この「平戸の聖地と集落」の項で大幅な変更が加えられている。

まず、もとのパンフレットにあった説明は次のようなものだった。

「平戸地方の潜伏キリシタンの子孫の多くは禁教政策が撤廃されてからも、先祖から伝わる独自の信仰習俗を継承していきました。その伝統は、いわゆる〈かくれキリシタン〉によって今なお大切に守られています」（二〇一四年、傍線筆者）

そして変更後のパンフレットにあるのが次の文章だった。文末に着目すると、違いは歴然となる。

「キリシタンの殉教地を聖地とすることにより、自らのかたちで信仰をひそかに続けた潜伏キリシタンの集落である。（中略、禁教の）解禁後もカトリックに復帰することはなく、禁教期以来の信仰形態を維持し続けたが、現在ではほぼ消滅している」（二〇一七年、同）

かくれキリシタン信仰について「今なお大切に守られています」とされていた記述が、「ほぼ消滅している」という正反対の表現に変わっているのだ。

文章だけではない。もとのパンフレットでは、生月の信徒宅に保存されていた「聖画」の写真やこの島の信仰組織の概念図を掲載していたが、変更後は、図像も削除されている。この間に、信徒が急減した事実はない。たしかに数は減ってはいるが、生月には現在もかくれキリシタン信徒が存在している。

だが、これは一例に過ぎない。

二〇一七年夏から翌年の春にかけて、生月に取材に通った。その中で生月の信仰の扱われ方に〝違和感〟を抱くことが何度もあったが、私はその正体を、つかみかねていた。

疑問が氷解したのは、平戸市生月町博物館「島の館」の中園成生《なかぞのしげお》学芸員（五十五歳）の見解を耳にしたときのことだった。中園学芸員はこの島の信仰を二十五年にわたって記録・保存する活動に、行政と学術の両面から携わってきた人物である。

「長崎県は、かくれキリシタンの存在を書き込むことをあえて避けて、〝消そうとしている〟ように見える。なぜならこれまでやってきたキリシタン史の説明との整合がとれなくなるからです。その存在は、はっきりしているのに」

中園学芸員のいう「これまでのキリシタン史の説明」とは何か。なぜこの信仰は「消されようとしている」のか。そんな扱われ方が果たして正当なのか。

答えは簡単ではなかった。歴史学や民俗学や心理学を専門にする少なからぬ研究者がこの島の信仰を題材にしていたし、彼らの成果も含め、古今の書物を取り寄せたが、従来の研究には、どうしてこんなことになるのかという構造をいい当ててくれたものはなかった。

中園学芸員の絞り出したような言葉を除いては――。

異形の祈り

生月のかくれキリシタン信仰の特徴の一つに、「オラショ」と呼ばれる独特の〝祈り〟がある。ラテン語のoratio（祈祷）に由来するが、地元の信徒たちはオラショとはいわず、「御誦《ごしょう》」や「ごめさ」などと呼んでいるのを耳にすることが多かった。原型はカトリックから伝来した祈祷文だ。

そう説明すると〈天にまします我らの父よ〉のフレーズで始まる「主の祈り」のようなものを思い浮かべるかもしれないが、そのほとんどは、現在の私たちが知っているキリスト教の祈りとは似ても似つかない独特の形式になっている。

「オラショは二五〇年以上にわたった禁教期の間、ずっと口伝えで受け継がれてきました。参照できるテキストのようなものはなく、信徒は皆、祈りの文言を〈音〉を頼りに記憶し、暗誦《あんしょう》するかたちで伝承してきたんです」

そう説明する中園学芸員の仲介で、私は幾度か祈りの場に立ち会う機会を得た。かくれキリシタンの場合は「隠れた信仰」であったその性質上、外部の人間にその〝聖なる空間〟はほとんど公開されていない。その都度、信徒さんに相談し、好意に甘えた。

生月には大きく分けて信仰を守ってきた四つの集落がある。とりわけ、この祈りを熱心に守ってきたのは島北部の壱部《いちぶ》地区である。ここで四十近いタイトルの祈りを通して唱える「一通《ひととお》り」の〝ミサ〟に初めて同席することができたのは、二〇一七年十月半ば、大型の台風二十一号が近づきつつあった土曜日の朝のことである。

波頭が白く砕けるのを横目に見ながら、中園学芸員の軽ワゴン車は海岸線を走り、斜面地に建つ田舎屋敷に予定の時刻より少し早く着いた。

「御前様《ごぜんさま》は、二階ですけん」

そういって案内してくれたのは、この地区の神父役に相当する「オジ役」を長年務める土肥栄《どいさかえ》さん（八十七歳）。「御前様」とは、この島における信仰対象の呼び名である。

教会を設けることができなかった禁教期、信心をともにする者同士でつくった組（津元《つもと》、第二章で詳述）で、御神体である聖画は持ち回りで保管された。保管先となった信徒の自宅で、観音扉の棚の中にしまい込まれた御前様に向けて、オラショを唱える。このスタイルのため、研究者から「納戸神《なんどがみ》」と呼ばれることもある。

「今日は御前様のご命日です。これから御誦をあげます」

鉛色の上質な生地の和服を身につけた土肥さんは言葉少なに説明した。

屋敷の玄関前から吹き抜けの階段を上り、その先にある四畳ほどの小部屋に通される。

土肥さんは、後からゆっくり階段を上がってきた。

畳敷きの小部屋では、奥の壁一面が、特別に備えつけられた木棚で覆われている。ほかに造作物はないから、殺風景にも見える。ただ、ふだんは閉じている木棚の大きな観音扉を開けると、別の空間が姿を現した。

中の壁面に、二幅の掛け軸が下げられ、内側から照明をあてられている。

掛け軸は信仰対象を描いた聖画だ。この二幅の聖画はいずれも同じモチーフのようで、アーモンド形の目をした、《ちょんまげ姿の男》が描かれていた。男の上空には雲に乗った十字架が浮かび、足元には太陽と月が配されている。

掛け軸の両脇には、鶴首の陶器が二本置かれ、それぞれの口には木の枝が挿し込まれている。陶器は「お水瓶《みずびん》」と呼ばれ、殉教聖地である沖の岩礁、中江ノ島《なかえのしま》で採取した聖水が入っている。木の枝は、この水で洗礼を司る際に使う、聖具である。

この祭壇《さいだん》の前には山盛りのご飯と饅頭《まんじゅう》と煮物が供え物として膳に用意されていた。供え物は「手のこんろく」といって、家人の手間が施されたものがよしとされるそうだ。

土肥翁は二本のろうそくに火を灯すと、祭壇前の木製の肘掛け椅子に腰を下ろした。そして手を合わせ、朗々と、祈りを始めた。

「御かたじけなくも御一体様、サンジワン様、サンミギリ様、死後のあんじょう様、津元御前様の御取り合わせをもちまして、今日、旧暦八月二十五日をもちまして御前様の命日につきまして、ただ今より、一通りの御恩礼を差し上げます。お受け取りくださいますように……」

何をいっているのか、にわかにはわからない。

何人かの〝神様〟か〝聖人〟に呼びかけているのだけは間違いない。文末の「ように」のところにアクセントをつけて唱えるので、祈りのタイトルの移り変わりはかろうじて感じ取れた。次第に、日本語の文章にラテン語系の響きを帯びた言葉が混じり始める。

「でうすぱーてろひーりょうすべりとさんとのみつのびりそうなひとつのすつたんしょーのおんちからをもって、始め奉る、あんめいぞー」

時折、額、胸、両肩を立てた右手の親指でさし、十字を切る仕草。そして、合掌《がっしょう》した両手を少し顔の前に押し出す仕草。息継ぎが熱い。

「さんたまりやうらうらのーべす、さんただーじんみちびしうらうらのーべす……」

こうした祈りが、じつに四十五分近く続いた。

驚くべきことに、その間、土肥翁は一度も正面の《ちょんまげ姿の男》の聖画から目を離すことはなく、聖書や賛美歌のようなテキストを参照することもなかった。繰り返しになるが、この呪文のような祈りは、〈音〉だけを頼りに伝誦されてきた祈りなのである。

翁は最後にまた、最初と同じ神様か聖人の名前を並べたフレーズを口にした。最初のときと違って、ごく控えめの、口ごもるような音量だった。

祈りを終え、ろうそくの火が消された。

私はしばし言葉を失ったままだった。中園学芸員がささやき声で解説を加えたとき、にわかに現実に引き戻された。

「ふだんは四十分くらいです。今日の土肥さんは、少しゆったりとお祈りされています」

これまでの人生で経験したことがない〝音に満たされた異空間〟が、その四十五分間だけ姿を現し、そして消えた。

土肥翁の祈りに見るこのかくれキリシタン信仰を、どう言い表したらいいのだろう。

宗教法人ではない。本部もなければ、公式ホームページもない。過去の調査資料や研究書はあるにはあるが、現在の姿をつかむには、信徒の証言を集めるしか方法はない。

本書をまとめ上げる一年前まで、私はこの信仰についてほとんど何も知らなかった。取材をしているうちに、等身大の彼らの姿は、メディアで流布されているイメージと少し違っていることがわかってきた。

もう少し知りたい、もう少し、と幾度も島に足を運んだ。土肥翁をはじめ信徒の方々には、自分の内面に湧き上がった疑問をぶつけた。信徒たちの話に驚き、また、多くを語らない沈黙に納得することもあった。帰路、ノートを読み返すと、また疑問が湧いた。

そうやって、のめりこんでいく自分がいた。本当に、素朴な好奇心だった。きっかけをくれたのは、この小部屋に祀ってあった《ちょんまげ姿の男》の聖画だった。

この男が、ヨハネ？

もともと「世界遺産」なるものに、さほど興味があったわけではない。

一九七二年のユネスコ総会で採択された世界遺産条約に基づき、「顕著な普遍的価値」を持つと認められた文化財（文化遺産）や自然環境（自然遺産）が「世界遺産」に指定される。世界中で登録された遺産は、すでに一〇〇〇件を超えるまでに膨らんでいる。

たしかに、経済効果はわかりやすい。二〇〇七年に登録された石見銀山《いわみぎんざん》（島根県）では登録前年に約四十万人だった観光客数が登録翌年には八十一万人に倍増した。二〇一四年の富岡製糸場（群馬県）の場合はじつに前年比四倍増の一三三万人に上った（ただし、石見銀山は登録から六年後の二〇一三年以降減少に転じ、二〇一六年は三十一万人と登録前水準に戻った。富岡製糸場はわずか二年後の一六年には八十万人に減少している）。

一方で、世界遺産リストを俯瞰《ふかん》して眺めると、圧倒的な存在感を示すのはヨーロッパだ。

国別獲得件数は二〇一七年時点で、イタリアがトップで五十三件、中国は五十二件と肉薄しているが、上位十か国中で欧州からスペイン（三位）、フランス（四位）、ドイツ（五位）、イギリス（八位）と五か国が十位内に入る。日本はロシア、アメリカ、イランに次いで十二位（二十一件）に留まっている。

選定するのは外交官らからなる世界遺産委員会だが、その決定に強い影響力を持つ諮問機関が、考古学者や建築の専門家から構成されるイコモスである。イコモスは年一回、各国の推薦をもとに遺産を調査・審査して「登録」や「不登録」などを決議し、勧告を行う。これを受けた世界遺産委員会が七月に、政治的な配慮も加えて正式に決定する、という流れをたどる。

確立された仕組みには見えるが、一定の批判も存在する。世界遺産を選定するルールやプロセスは西欧中心の価値観に偏っている、という指摘だ。

石造りを基調とするヨーロッパの歴史建築と比べると、木造を基調とする日本の建物は風化による建て替えを避けられない。建て替えれば当然、構造物は新しいものになる。二十年ごとにすべてを建て替えて清浄（常若《とこわか》）を保つ伊勢神宮の式年遷宮などは深い知恵を蔵したソフトウェアなのだが、「歴史的価値のある建造物」とはいえず、世界遺産には適合しない。だとしたら、そもそものルールが間違っている、という見方もできる。

各国が推薦できる世界文化遺産は年に一つだけ。二〇一八年の登録に向けて日本政府が前年二月、「長崎と天草地方の潜伏キリシタン関連遺産」を推薦すると決めた。

このニュースも、あまりピンとくるものではなかった。だが、そんな私の印象を大きく塗り替えたのが「洗礼者ヨハネ」と題された聖画だった。

推薦が決まったニュースから数か月経った頃、ふとしたことから、もう絶版になっている『かくれキリシタンの聖画』という大判の聖画集を手にする機会があった。一九二七年生まれの中城 忠《なかじょうただし》という写真家が、一九六〇年代に生月島で撮影したものだ。

「かくれキリシタン」は字句通りにいえば〝隠れたキリスト教徒〟ということになる。信教の自由が保障された現代の日本人から見ると、そういう人々の姿は像を結びにくい。ただ、どうも「日本古来の民間信仰が濃厚に影を落としている」ものらしい（民俗学者・谷川健一氏による聖画集の解説）。

外向けに開かれているとはいい難い気質もあって、中城氏は各家庭の納戸にひっそりと祀られてきた御神体を見せてもらえるよう一軒ずつ訪ねて説き伏せ、記録したものだと説明があった。ページを繰って、驚いてしまった。そうだと説明されなければ、とてもではないが「キリスト教の信仰」を表現したものには思えなかったからだ。

「キリスト教の聖画」といえば、ミケランジェロ、ダ・ヴィンチ、ボッティチェリといった巨匠が遠近法を駆使して描く、彫りの深いイエスや聖母マリアをイメージする。ところがこの本にある聖画は、たしかに幼子イエスを抱く聖母、つまり「聖母子像」といわれればそれらしい構図ではあるものの、遠近法でもなければ人物の表情に彫りもない。筆致は二次元的で漫画的な絵なのだ。しかも創造主デウスの周りの雲が唐草模様みたいな描き方だったりする。お世辞にも、西欧絵画の精度はない。

とりわけ目を惹《ひ》いた一枚があった。「洗礼者ヨハネ」と題された一枚である。洗礼者ヨハネは荒れ野を流れるヨルダン川で、若きイエスに洗礼を授けた〝兄貴分〟とされ、聖人崇拝のあるカトリックでは聖母マリアに次ぐ重要な人物である。といっても、ふだんキリスト教に親しむことがない人にはピンとこないかもしれない。

かくいう私は、クリスチャンホームに生まれた。

父方の祖父は東京の下町・両国に近いプロテスタント教会の牧師として働き、東京大空襲で命を落とした。父親を早くに亡くした私の父も教会を遊び場に育った人だった。

小学生の頃までは、私も毎週日曜日に教会学校に通い、声に出して賛美歌を歌い、聖書を読んだ。腰布一枚の「洗礼者ヨハネ」がヨルダン川の水で若きイエスに洗礼を授けるイラストは、子供向けに配られる聖書の一節を記したカードのような宗教教材で、何度か目にしたことがあったように思う。

改めて原典である新約聖書にあたってみると、その風貌についてはこう書かれている。

「らくだの毛ごろもを着物にし、腰に皮の帯をしめ、いなごと野蜜とを食物としていた」（マタイによる福音書三章四節・口語訳）

よく見ると生月島の「ヨハネ」の聖画もかろうじて聖書の記述に紐付けられそうな特徴を備えている。まずは舞台設定の「川」。中東ヨルダンらしさはあまり感じないが、画面を横断するように左から右へ、うねりながら流れている。赤い花を咲かせた木が一本あるだけだから、見方によっては荒野である。服装は毛皮ではないものの、正装というよりは着流し風に腰に帯を締めているから「毛ごろもを着物にし、腰に革の帯を締め」という表現と、ワイルドさでは通底するものがある。

ただ、拭えない違和感もある。

なにしろ、ヨハネの頭髪が「ちょんまげ」なのだ。

なんとなく推察はできる。日本人の描き手には、「ヨハネがどんな姿をしているのか」について情報量が足りなかったのだろう。宣教師は髪型まで教えなかったのかもしれない。

アーモンド形の目の男は真っ赤な太陽と月の上に立っていて、その上空では十字架がまるで西遊記の孫悟空のように觔斗雲《きんとうん》に乗って飛翔している。よく見れば、その筆致に迷いは感じられないし、絵全体が何か、魅惑的な力をまとっているように思えてきた。

この《ちょんまげ姿の洗礼者ヨハネ》を隠れて拝む人々というのは、一体どんな場所で、どうやって祈るのだろう。これを信仰対象に仰ぎ見るとは、どんな心理なのだろう。

次第にそれは自分の胸に響く疑問のような気がしてきた。正直に告白して、私は信

生月島に残る「洗礼者ヨハネ」の聖画
（提供「島の館」）

仰の薄いキリスト教徒だ。実際には運転しない運転免許保有者を〝ペーパードライバー〟という。これになぞらえていえば、私は〝ペーパークリスチャン〟である。幼い頃に洗礼は受けたが教会に行かなくなったからだ。

中学三年の春、高校生の姉の判断につられて洗礼を受けた。その礼拝の席で祖母は涙を流して喜んでくれたし、両親は私に革張りの聖書をくれた。

だが、大人に近づくにしたがって次第に、教会からは足が遠ざかった。大学を出て実家を離れると、食前の祈りも欠かすようになった。さして、深い理由はない。

とはいえ、私の長男が、私が洗礼を受けたのと同じ年齢に近づいてくると、教会に通い祈るよう強いてこなかったことに、時折、後悔を感じるようになった。

「困ったときの神頼み」といわれればそれまでだが、自分自身が三十代半ばを過ぎると、仕事や生活で思いも寄らない出来事に直面するようになった。信頼していた人の行為が原因で勤務先が傾いたり、親しい人が突然亡くなったり。何かを努力してみたところで、これっぽっちも状況は改善しない。自分の無力を呪ってもしようがないし、もう目を閉じてお守りくださいと神様に祈るしかない。そう感じる局面は増えた。祈る方法を知っているだけ、自分はまだ恵まれていたのかもしれないと思うようになっていた。

では、「かくれキリシタン」たちはどんな気持ちであの聖画を拝んできたのだろう。

私たちが知っている「かくれキリシタン」は江戸幕府の禁教下で信仰を捨てろと迫られた人たちだ。応じた者は「転び者」と呼ばれた。転ぶことを拒んだ者は簀巻《すま》きにされ生きたまま海に葬られたり、火あぶりにされたりした。

残酷な現実が目の前にある状況下で、「神は救いの手を差し伸べてくださらないのか」と慟哭《どうこく》する宣教師や信徒たち――そういうイメージは、有名な遠藤周作の小説『沈黙』（一九六六年）から受けた影響が大きい。小説はじつに二十か国語に翻訳され、総発行部数は総計二〇〇万部に上る。一九七一年に篠田正浩が映像化し、さらに四十五年を経た二〇一六年、マーティン・スコセッシによってハリウッド映画にもなった。

もちろん、そうした悲壮な姿は真実の一面を映し出してはいるのだろうが、それがすべてなのか。彫りの深くない、平面的に描かれた《ちょんまげ姿の洗礼者ヨハネ》の聖画には、もっといろいろな表情を持つ「かくれキリシタン信仰」の世界観の存在を感じさせる何かがあった。

「世界遺産登録」というかたちで、この独自の信仰形態が光を浴びるのかも気になった。それこそ西欧のキリスト教社会はこれをどう見るのだろう。そのとき、私は、どんなふうにそのニュースを受け止めたらいいのだろうか。

画集を閉じたとき、私はその信仰の姿が見てみたくなっていた。

こうした聖画を残すのは、長崎でも、この生月という辺境の島の信仰の特徴だという。私はこの島に向かうことに決めたのだった。

第一章　蔑ろにされた「聖地」

白波が洗う処刑場

九州本島を、鹿児島を頭にした「しゃちほこ」に見立てると「尾びれ」にあたるのが長崎県で、その上端あたりが平戸島《ひらどしま》。そして今まさにその尾びれから東シナ海に向けて放たれた「水しぶき」というぐらいの位置にあるのが生月島だ。

南北十キロメートル、東西最大でも三キロメートルしかない西方の細長く小さい島は、東京でいえば渋谷区と変わらないほどの広さしかなく、約六〇〇〇人の島民の住まいがあるのは東側に限られている。

大洋に面した西側は標高二八六メートルの番岳《ばんだけ》を最高峰とした断崖絶壁になっている。その岩肌には人を寄せつけない強風が、西方の海から吹きつける。

長崎大村空港からは、車で二時間半――。

九州本島の西端、長崎県平戸市田平《たびら》町と平戸島の間は赤く塗装された平戸大橋（一九七七年完成）で、平戸島と生月島の間は青く塗装された生月大橋（九一年完成）で、それぞれつながれている。このため、現在は陸路で生月島まで、たどり着くことがで

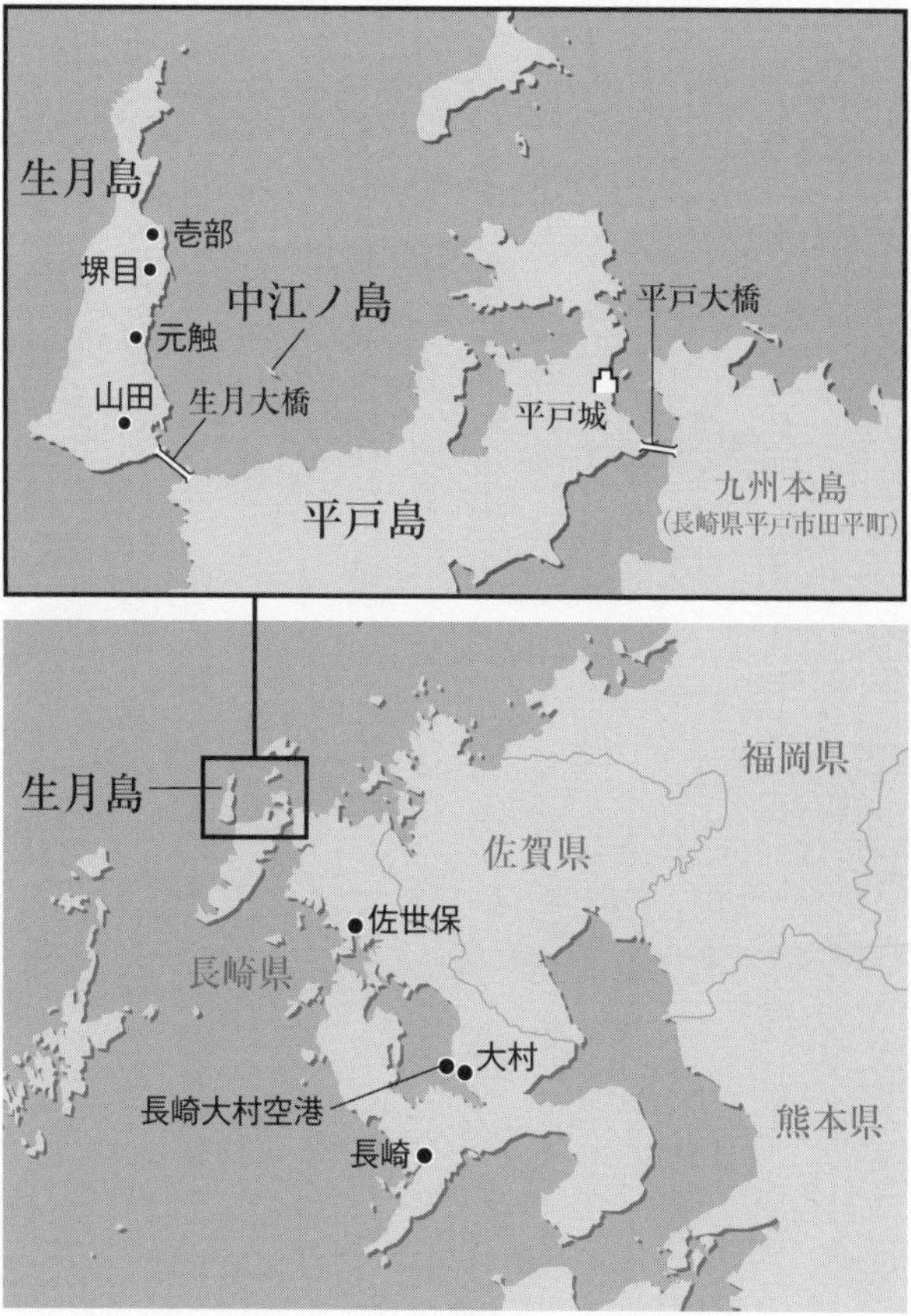
生月島
壱部
堺目
中江ノ島
平戸大橋
元触
山田
生月大橋
平戸城
九州本島
（長崎県平戸市田平町）
平戸島
福岡県
生月島
佐賀県
佐世保
長崎県
大村
長崎大村空港
熊本県
長崎

きる。

二〇一七年の初夏。空港でレンタカーを借りて、生月島に向かった。島に着いてからは島内の地理に明るいタクシーを呼んで回る腹積もりである。

私の軽自動車は平戸島西岸に出た。視界の先に生月島が見えた時、あれ？　と違和感があった。青い生月大橋は巨大な鉄骨構造で、僻地《へきち》の小さな島には不釣り合いなほど立派だ。辺境だから鄙《ひな》びていると考えるのは思い込みなのだ。有力な政治家の影も感じたが、その時は、それが誰なのか、どういうことなのか、知るよしもなかった。

出発前一週間、東京の図書館で集められるだけ資料をコピーして、インターネットの検索窓には関連用語を入力しまくった。歴史上の固有名詞はまだしも、「メダイ」や「パードレ」といったカトリック用語の基本や島にまつわる一通りの歴史ぐらいは勉強しておく必要があったからだ。

布教と弾圧の〝先進地域〟

島を訪れた私の話の前に、日本へのキリスト教伝来と弾圧に至る過程、そして、その中で生月島がどう位置づけられるかを簡単に説明しておきたい。

ローマ教皇に布教を任されたフランシスコ・ザビエルが薩摩（鹿児島）に上陸した

のは一五四九年（天文一八年）。宣教師による布教はそれからほぼ一世紀の間に行われるが、後半は次第に弾圧が激化する。布教と弾圧には地域差があり、それが地域ごとの信仰の〝個性〟を形づくっている。

ザビエルの日本滞在は二年三か月に過ぎないが、その間に数度立ち寄った平戸はイエズス会の修道士や神父が相次いで訪れる主要な布教拠点の一つとなった。平戸を治めていた松浦《まつら》家当主、隆信《たかのぶ》も経済的利益を重視して、当初イエズス会を歓迎した。

時は戦国時代末期。大名にしてみれば、フランキ砲など〝新兵器〟を持ち込んでいるポルトガル船を味方に引き込みたい。それには、自らキリスト教に改宗するのが手っ取り早い。長崎をイエズス会に寄進した大村純忠《すみただ》や豊後《ぶんご》の大友宗麟という「キリシタン大名」の誕生は、不安を抱えた大名たちの〝生き残り戦略〟でもあった。

だが松浦隆信の場合、本人は最後まで入信しなかった。交易はしたいが、〝異物〟の侵入によって仏教徒との揉めごとも起きていた。内紛は統治のリスクにつながる。

作家、司馬遼太郎はこの時期の隆信について、「実質は海賊の親玉であり、同時に貿易のためならどういうことでもするといったしたたかな実業家でもあった」と評している（『街道をゆく十一　肥前の諸街道』）。最大限メリットをとりながらリスクを抑制する策として、自分の名代の重臣、籠手田安経《こてだやすつね》と、その実弟の一部勘解由《いちぶかげゆ》を入信させた。

そのようにして布教が容認された籠手田・一部領が、平戸島の西岸、そして生月島だった――。

籠手田・一部の兄弟は洗礼を受け、それぞれドン・アントニオ、ドン・ジョアンの名を持った。島民二五〇〇人に対しても、一五五八年（永禄元年）と一五六五年の二度にわたり、一斉改宗の政策が、全国に先駆けて行われている。生月島は教会堂や十字架が整備される〝布教先進地〟の一つになった。

生月の島民のミサの光景は宣教師らを恍惚《こうこつ》とさせた。

「夜ごと教会は満堂の状態で、一方の側を婦人が、また他方を男たちが占め、主の生涯と栄光、その聖なる御名、聖なる十字架、キリシタンの法（中略）について歌を歌い、こうして夜のほとんどを過ごした」（一五六三年、ジョアン・フェルナンデス修道士の書簡）

そして十六世紀後半から、時の権力者たちのキリスト教への視線は「容認」から「弾圧」に段々とシフトする。これまた、変化が早いのは布教先進地の平戸である。

弾圧の初期でよく知られているのは、島津を討って九州平定を成し遂げた豊臣秀吉が一五八七年（天正一五年）に発するバテレン追放令だろう。

だが、近年の研究では、秀吉の追放令の頃は、まだ信徒への大規模な弾圧が行われていたわけではないことがわかっている。一五九七年には、京都・大坂で捕縛された宣教師や信徒ら二十六人が長崎・西坂《にしざか》で処刑される事件が起きたが、まだ〝見せしめ〟の色彩が濃い。五野井隆史《ごのいたかし》の『日本キリスト教史』によれば、追放令以前で約二十万人だった国内のキリスト教徒数は、一六〇一年に約三十万人、徳川の全国禁教令の一六一四年に三十七万人前後と、増加局面にあった。

全国的な禁教に先駆けて、平戸では本格的な弾圧が始まっている。

鮮明に打ち出されるのは松浦隆信が没した一五九九年（慶長四年）、〝キリシタン嫌い〟だった嫡子・鎮信《しげのぶ》によってであった。関ヶ原の戦いの前年、時代は豊臣から徳川の天下に向かっていた。泰平の世になると、船来ものかぶれの領主には、新政権に対する「二心あり」と睨《にら》まれるリスクも生まれる。先を見越した判断であったのかもしれない。

鎮信は籠手田・一部に父・隆信の葬儀を仏式で行うと通告して出席を求めた。棄《き》教《きょう》の指示である。悩んだ籠手田氏らはある夜、六〇〇人もの領民とともに領地を脱出し、イエズス会が影響力を保っていた長崎に船で退去する（領民はさらに二〇〇人が続く)。

布教の先進地は、弾圧の先進地になった。生月での禁教開始から十五年後、徳川の全国禁教令が始まる。宣教師は追放を命じられ、一六二六年になると、長崎でも布教だけでなく一般住民の信仰も禁じられた。

当時でも四十五人いたとされる宣教師の一部は山村に潜伏して司牧《しぼく》を続けたが、苛烈な探索によって一六三二年から九人、十六人、五人と毎年処刑され、この頃には宣教師の不在状態が生じていたことになる(五野井隆史『キリシタン信仰史の研究』)。

この状況下で二世紀半にわたる幕府の詮索《せんさく》を避けて密かに信仰を続けた信徒たちが、いわゆる「かくれキリシタン」である。

「聖水」の湧く無人島

そんなキリシタン弾圧の〝先進地域〟であった生月島が眼前に近づいてきた。私の車が、生月大橋の中央あたりに差し掛かったとき、右手の沖合、ふたこぶラクダの背のような岩礁が目に入ってきた。「中江ノ島」と呼ばれる無人島である。

東京で見た聖画集に写真が載っていたから、島影には見覚えがあった。ここは、「長崎と天草地方の潜伏キリシタン関連遺産」の構成資産の一つに数えられている。

その歴史は凄惨なものだ。かつてキリシタンたちが殺された「処刑地」だったからだ。

十九世紀のフランス人日本史学者レオン・パジェスが著した『日本切支丹宗門史』によれば、中江ノ島は刑場として重宝された。斬り捨てられた首も離れた胴も、無造作に海に投棄された。何十人惨殺しても、あとは波濤《はとう》が洗い流し、痕跡を消してくれる。取り締まる側にとって海上の岩礁は、遺体の処理には都合がよかった。

記録に残る最初の犠牲者は、一六二二年（元和八年）、イタリア人神父の司牧に協力したとして捕縛された二人の生月島の若者だった。

宿を提供していたのが武士である坂本左衛門、三十一歳、洗礼名ヨハネ。移動のための小舟を供した一回り年上の四十二歳の出口才吉、洗礼名ダミアン。二人とも、中江ノ島で処刑された。二人の遺骸は袋詰めにされ、海に投棄された。

翌月、もう一人のヨハネ、四十七歳のヨハネ次郎右衛門が処刑された際には船の上で、「ここから天国は、もうそう遠くない」と、言い残したという。

殉教談が悲惨であるほど、残された者の記憶に深く刻まれ、犠牲者は神話性を帯びた光を放つ存在になる。中江ノ島は、密かに信仰を守る者たちにとっての聖地となった。

ただ、弾圧から四〇〇年近く経ってからこの地にやってきた私にとって好奇心をそそられたのは、この岩礁が「サンジュワンさま」と呼ばれてきたという話だった。

「なぜサンジュワンと呼ばれるのか」には諸説がある。

「ヨハネ」はポルトガル語ではジョアンで、それが九州では「ジュワン」と訛《なま》る。「聖人（Saint）ヨハネが殉教した島であったからではないか」とする学者もいれば、「処刑されたキリシタンの中にジョアンが三人いたから、〝さん＋ジュワン〟ではないか」という地元紙の記事もあった。

日本語の数字と九州訛りのポルトガル語が組み合わさった聖地の呼称——それが本当ならば、《ちょんまげ姿の洗礼者ヨハネ》とどこか通じる、なんともいえないおおらかさが感じられるではないか。

島の南端に到着したときの私は、生月の歴史の痕跡をたどるのに、さほどの労力を要するとは思っていなかった。《ちょんまげ姿の洗礼者ヨハネ》のような面白いものがほかにも見つけられるのではないかという期待が入り交じった妙なハイテンションで、地元のタクシー会社に電話をかけ、価格交渉を始めていた。

三十分ほどで迎えにきたのは五十四歳のタクシードライバー。仏教徒の島民だとい

い、キリシタンではなかったが、かつてはイワシやサバを追う漁船の乗組員であったという。中江ノ島の話を持ち出すと、

「あの頃、中江ノ島で採った水を瓶に入れて、船の中で神棚みたいなところに載せていた。その水はいつまで置いても腐らんとです」と、大真面目に話し出した。

島の南端にある平戸市生月町博物館「島の館」の調査報告書「生月島のかくれキリシタン」(二〇一七年)によると、キリシタンたちは長く、中江ノ島の岩の裂け目から採った水を〝聖水〟とし、彼らが「お授《さず》け」と呼ぶ洗礼の儀式で用いていたという。一方で生月には、江戸時代、「鯨組」という捕鯨集団の一大拠点となった歴史もある。禁教が解かれた後、昭和から平成前期までは遠洋まき網漁船の一大拠点であった。そうした生業と聖地としての中江ノ島は、自然に結びついていたのである。

「北海道や三陸沖の遠洋に出ている間に船員が体調を崩したときは、聖水を飲めばすぐに治るとですたい。今考えれば不思議だけど、当時は不思議なこととも思わなかったから」

仏教徒でもある遠洋漁業の船員が、かくれキリシタンたちの聖水を飲むと体調が回復すると語っている。二十一世紀の日本になお残る、不思議な〝信仰らしきもの〟が息づく辺境世界に立ち入った気分になって、私は小さく満足した。

だが、その感覚は長くは続かなかった。

「なんでこんなことに」と声に出したくなるような、違和感に突き当たったからだ。

「世界遺産」になるんじゃないの?

この島の「聖地」は、大切にされていないのではないか——。

乱暴な言い方にはなるが、好奇心に駆られて生月の殉教聖地を巡ろうとした私の最初の感想を一言で記すならば、正直いってこう書くほかない。

中江ノ島は岩に囲まれ容易に近づける場所ではなく、無人島だから定期船や観光船が用意されているわけではなかった。それはまだいい。

「島の館」の報告書（前掲書）によれば、島には南部から北部にかけて山田《やまだ》、元触《もとふれ》、堺目《さかいめ》、壱部という四つのキリシタン集落が並んでいる。その周辺に、明示的なものだけで十一か所にキリシタン殉教の聖地がある、と記されていた。

そのどれもが、悲しい歴史の記録である。武士、その妻、キリスト教徒になった役人、領民とその幼い子供や妊婦など、あらゆる人を捕らえて、無残な誅殺《ちゅうさつ》が繰り返された。

犠牲者の規模でいえば多くはない。報告書を読む限り、中江ノ島で殺された犠牲者

生月島の３㎞沖に浮かぶ無人島「中江ノ島」

は名前や時期、状況がはっきりしている者で十四人なのに対し、例えば一六三七年（寛永一四年）の島原の乱では、ひとときに二万七〇〇〇人もが殺害された。宗教弾圧とみるか重税に対する一揆とみるか、学問的な解釈の相違はあるが、キリシタンを中心とした民衆の蜂起の力を恐れればこそ徳川幕府も苛烈にねじ伏せざるを得なくなった感がある。それに比べてみると、生月で繰り返されたのは、一つひとつが静かで陰惨な処刑の数々だ。

だから、こうした出来事も「世界遺産」というかたちで歴史の再評価を受けるのであれば、虐《しいた》げられた先人の苦しみや痛みも、少しは報われるのではないかと思われた。

ところが、である。一眼レフカメラを手に墓碑を回っても、そんな雰囲気は全然ない。

もちろん、「歓迎・世界遺産」の垂れ幕を期待しているわけではない。だが、「さあ今こそ」と島をあげて観光振興の機運が盛り上がっている熱量を感じない。〝手つかずの神秘の遺跡を昔の姿のまま保存しています〟といった看板を立てて厳《おごそ》かに入場規制される場所があるわけでもない。たしかに「祠《ほこら》らしきもの」があるが、保存やアピールのためにお金と手間を費やしてきたという感じはない。

お金をかけたものが好ましいとは思わないが、地元の行政機関などに対しては、「適切な扱いなのか」といいたくなるような状況があった。

例えば、生月島で最も有名な殉教者、西玄可《にしげんか》の「古い墓」を訪れたときのことだ。西の洗礼名はガスパル。生月島で信仰が潜伏期に入っていく時代、領民の信仰を指導した。殉教したのは一六〇九年（慶長一四年）というから、先ほどの中江ノ島の殉教者たちより十年以上前の犠牲者である。この西は、籠手田家の重臣であった。

教義書を手にしたことのある数少ない知識人であった西は、籠手田・一部両氏の退去ののちも島に残り、領民の潜伏信仰を指導した。西は宣教師らから伝わった教義の書物を持ち、入信を求める領民のために洗礼を授ける役割も果たしたとみられている。

西の存在は当然、松浦藩から目をつけられた。だが西は転宗を拒んだばかりか教義上禁じられた自害も拒み、斬首されることになる。本人だけではない。妻と二十五歳の長子もその際に斬られた。マニラに渡って司祭となった次男は二十五年後に長崎・西坂で処刑、三男は広島で火刑に処された。一家根絶やしだった。

ちなみに殉教から三九九年後にあたる二〇〇八年、ガスパル西はローマ教会から「福者」と定められている。バチカンも認めるくらいだから、その墓所では丁重に葬られているに違いない、と思っていた。

お墓はどこに

ガスパル西がかつて、自ら望んで処刑され葬られたという場所は、島南部山田の海岸通りから、斜面を登った中腹の丘にある。運転手さんが口を開いた。

「地元ではこのあたりは〈黒瀬《くろせ》の辻《つじ》〉と呼ばれています。黒瀬は〈クロス〉、つまり十字架とかけられた呼び名です。辻というのは生月では、十字路のことではなくて、小高い丘のことを指すとです」

丘には立派な十字架が立てられていた。しかも十字架の足元には、城に用いられるような石垣の台が二階建ての住宅ほどの高さまで築かれている。その上に、人の背丈の倍はあろうかという金属製の十字架が、東向きに〝両腕〟を広げている。

石垣には西の殉教の物語を描いたレリーフがあり、碑文が刻まれていた。西がここで処刑されることを望んだ、と説明されている。西が幼少の頃から、ここが布教の中心だったからだという。さらに、イエズス会修道士による次の文章が紹介されていた。

「この年（一五六二年）の元旦に生月で、これまで日本で建てたものの中で最も美麗な十字架を建てました。私たちは一〇〇〇人ほどの信者とともに長い行列をし、みんな花輪を被り聖歌を歌いながら行進しました。十字架の所に着くと神に賛美を捧げ、それから十字架を称賛し、これを崇敬する理由についての説教をききました」

その後、西が処刑された頃には十字架は失われていたようだが、一九九二年にカトリック教会の尽力で再建された。

さて、問題は西の墓所だった。

「ここに、かのガスパル西さんが眠っているわけですか」

「いやいや、お墓はそっちたい」

運転手さんは十字架の丘の数メートル後方に位置する、鬱蒼《うっそう》と茂った森の中の薄闇を指さした。そうか、墓は別にあるのか。その薄闇の方に歩みを進めると、日差しに照らされた丘から一転した。光は木々に遮られ、数坪ほどの暗い空間になっていた。

空間に足を踏み入れるとその左手で、黒光りした直方体が海の方角を向いて立っている。二メートルは優に超える、新しい大理石である。正面に回り込みながら、さすが元家老というだけあって、お墓も見事ですねえ、と口にしかけて、自分の間違いに気づいた。

墓石の名前が違う。くっきりとした金文字で「M家之墓」とある。しかも礎石の文字には「卍印」が刻印されている。お寺の檀家だ。

ちょっと、違うじゃないですか——。

ぶつぶつと小声で文句をいいながら、また探す。振り返って「M家之墓」を背にして立つと右手、さっき通ってきた入り口の前にもう一つ、腰の高さほどの墓石がある。こちらは「H家之墓」と刻まれていて、やはり「西家」のものではない。

周りに見える墓石はこの二つで、しかも二つの墓石は一歩の距離にあるのに別方向を見ていて、とにかく墓所にあるべき秩序がない。肝心のガスパル西の墓も見当たらない。

狼狽《うろた》える私に、運転手さんが手招きをした。

「それは別の人たい。ガスパル様はこっちこっち」

「M家之墓」の前で怪訝《けげん》な顔をしている私の右脇で、運転手さんは足元にある朽ちた木の根の方に目配せをした。木の根の脇には、大小五つほどの不揃いの石が地面から四十センチほどの高さまで雑然と積み重ねられている。

「これがガスパル様ですたい」

……たしかに一輪挿しの竹筒が数本、石積みの周りを囲んでいて、菊や椿の造花が供えられている。その脇に石杭が打ち込んであって、「史跡ガスパル様」と彫り込まれている。

一瞬、重たい空気が流れた。

率直な感想は「質素すぎる」だった。そのままの言葉が口から出そうになるのを飲み込んで、もう一度、陽光に照らされた十字架のもとにある看板のところまで足早に戻る。頭の整理がしたかった。

ボードに書かれている説明を改めて読んでみると、たしかにこうした「石積み方式」が十七世紀の埋葬法なのだとある。朽ちた木の根も、墓から生え出し、「ガスパル様の松」と呼ばれた大樹の跡らしい。聖職者の墓が地味であるのはよくあることだ。西は中間管理職の武士に過ぎないから、それはそれで、おかしなことではない。

ただ、どうしてその「地味な史跡」のある半径三メートルほどの敷地に、何倍も豪華で立派な卍印のお墓が、新たに建ってしまったのだろう。仮にもキリシタンの〝殉教聖地〟である。無粋というか雑というか、見にくる者は私でなくとも混乱してしまう。

生月町教育委員会（現・平戸市教育委員会）が「ガスパル様」を史跡に指定したのは一九七一年、と書いてあった。四十年以上前のことである。これに対し、あの金文字の墓は建立して十年も経過していないだろう。

墓が新設される際、行政はこの島の歴史に名を刻む殉教者と、一般住民の墓の間の

ガスパル西の墓はとても〝質素〟だった

〝交通整理〟に乗り出さなかったのだろうか。それほどの価値はないと考えられているのだろうか。疑問が膨らみ出すと、違和感の方が邪魔をして、純粋に聖地に思いを寄せられない自分がいた。

そうした感覚を味わったのは、この場所だけではなかった。

「予算の問題で……」

島の西南部に「ダンジク様」と呼ばれる殉教聖地がある。「ダンジク」という名は、暖かい地域の海岸でよく見られる雑草「暖竹」が語源だ。稲のような竹のような直線的な茎が、高いもので二メートルにも達する。なぜ雑草が聖地の名前となったかといえば、やはり弾圧からの逃避のエピソードと関係している。伝承そのものは、とても胸が痛むものだ。

弾圧を逃れた弥市兵衛と妻マリア、息子のジュアンの三人家族が身を潜めたのは、人家から離れ、断崖を背にした岩浜の暖竹の茂みの中。ところが息子ジュアンが海岸に出て遊んでいるところを、たまたま船で探索にきていた役人に見つかり、全員が処刑されたという。言い伝えられてきた話で、何年のことかははっきりしない。

子供までが犠牲になった不幸な物語だからこそ、島のキリシタンたちの心を捉えたのであろう。彼らが隠れていたとされる暖竹の群生した浜に小さな祠があり、命日と伝わる毎年一月十六日には、聖地に比較的近い山田地区の信徒によって慰霊の行事が行われている、と「島の館」の報告書には記されていた。

それならば、手厚く弔われているはずだ——そんな予感もまた、裏切られた。ここには大きな〝障害物〟が待ち受けていた。

車が、急な登り坂に差し掛かる。タクシーの運転手さんはローギアにしたエンジンの回転数をあげながら、祠は島西側の崖の真下にある、と説明を始めた。

「岩崖の頂上に下り口があるから、車はそこまで。そこから約三〇〇メートルの急勾配の階段を下りて行ってもらうしかないんですたい」

体力任せでやって来たようなものだから、現場へ行くために骨が折れるのは望むところだ。運転手さんは「私は膝が痛むもんだから」といって車に残った。

「崖下への入り口」と聞いていたから、海が一望できる場所なのかと思いきや、そうではなかった。斜面を鬱蒼とした森が覆い、一筋のコンクリート舗装道が森の奥へと続く。道はその先で崖に沿って折れ、急な下り階段が姿を現す。

運転手さんと別れ、薄暗がりを歩き始める。一歩を踏み出すごとに、長い触角の虫の群がさわさわとうごめくし、時折、蜘蛛《くも》の巣が顔に張りついた。気味が悪くなったせいで早足になって下って十五分、汗びっしょりになったところで視界が開け、岩浜に出た。

目の前は東シナ海である。コンクリートの通路は狭い石浜に沿って少し下りながら右手に延びていく。「やっと着いた」と思いながら、通路の先に目をやった刹那《せつな》。

思わず、言葉にならない声が出た。

三十メートルほど先で、巨石が一つ、二つ、三つ、四つ。胸の高さまで折り重なっていて、通路を完全に塞いでいるのである。

落ちてきた巨石を受け止めたのか、通路の海側に据え付けられたパイプの手すりが歪んでいる。通路にめり込んだ痕跡は昨日今日のものではなく、落ちてからしばらく経っていたようだ。その割には運転手さんは事前に何もいっていなかった。誰も見に来ないのだろうか。

近寄って両手をつき、前傾姿勢になって押してみた。当然だが、ビクともしない。仮に動いたとしても、思わぬ方向に崩れたら危険だ。しかも通路脇の岩の浜に降りてしまうと足場が悪い。少し迷ったが、巨石のふちをよじ登って、跳び降りた。

右手の斜面に入り込んだ暗がりに、石積みの小さな祠があった。たしかに暖竹に囲まれ、小部屋のような空間になっている。こんなところに隠れていたのか。

三人親子の悲話を思い出し、しゃがんで手を合わせる。凪《な》いだ海の輝きが余計に胸に染みる。これだけでも来てよかったと思う。心からそう思うのだが、どうしても大きな岩のことが頭を離れない。

一体、どうしてこうなってしまったのだろう。

岩が落ちたことは仕方がないが、どうして放置されてしまうのか、である。

「ダンジク様」への通路を塞ぐ巨石

――後日、平戸市役所に問い合わせると、落石は二〇一六年末に起きたそうだ。

半年間、撤去できずにいる原因はいくつかあり、一つは方法の問題。急峻な崖の下という悪条件のため、重機の搬入が困難で、砕石機《さいせきき》のようなもので破壊するか、石材業者の力を借りて転がして撤去するか、なかなか決まらなかったそうだ。ただ、担当者が続けて説明したもう一つの理由に、私はいいようのない〝煮え切らなさ〟を感じてしまった。

「撤去する方法が決まったとしても、現場が私有地なものですから、土地の所有者と行政でどのような負担割合にするかという問題がある。あと、行政の負担にするにしても、市指定文化財だから文化財の予算で手当てするという方法と、観光政策の予算にするという方法がありまして。見積もりが上がってきたら、来年度予算に向けて検討が進むはず」

役所らしいといえばそれまでだが、文化財予算と観光予算の差が大きなものには思えなかった。仮に平戸市にその財源がないならば、世界遺産登録キャンペーンの旗を振る長崎県が、即座に直す財源を手当てしたらよいのではないのか。

そんな些細な線引きで足踏みしているあたりに、〝殉教聖地が蔑《ないがし》ろにされている〟という違和感を覚えたのだ（じつに一年三か月を経過した二〇一八年三月に、この岩が撤去されることになる。費用は二十万円だったという）。

世界遺産ではないのか。国家プロジェクトではないのか――。

生月島の「聖地」の現状を見て感じた戸惑いを表現するのに、足を踏み入れたばかりの私は、的確な言葉の一つも見つけられず、もやもやとしてしまった。

カトリックと長崎

「長崎と天草地方の潜伏キリシタン関連遺産」の十二の構成資産の中には、積極的に語られない「境界線」が存在する。西海のほとりで展開した四〇〇年の日本キリスト教史をたどり直してみると、次第に〝よじれた二本の糸〟が見えてくる。片方を「生月島のかくれキリシタン」とするならば、もう一方は「長崎のカトリック」ということになる。

長崎県は日本のカトリック文化を代表する地域である。

東京、大阪と並んで国内に三つしかない大司教座が置かれた教区の一つであり、長崎だけで信者は全国の一割超の六万一〇〇〇人を数える。一県だけで大司教区が成立しているのは、長崎県しかない。信者の多さに支えられ、「教会」という資産にも恵まれている。

長崎教区内（県内）にあるカトリック教会数は一三三。数で日本一であることはいうまでもなく、戦前からあるものだけで五十を超える。

伝統ある教会堂建築群の存在が、世界遺産キャンペーンの出発点にあった。

二〇〇一年、元長崎市職員の柿森和年《かきもりかずとし》氏を中心とする有志が「長崎の教会群を世界遺産にする会」を設立し、バチカンまで足を運んで推薦を要請した。バチカン側も前向きに応じるなど機運が高まったことで長崎県庁も動き出し、世界文化遺産の国内暫定一覧表に登録された。それが二〇〇七年のことだった。

私が本書の取材を始めた当時、長崎の中心地では、今回のイコモスの勧告の一年近くも前だというのに、すでに遺産リスト入りを見越した開発が進んでいた。

例えばコンラッド東京など超高級ホテルを運営する不動産開発大手の森トラストは二〇一七年七月、長崎港を見下ろす高台にある「マリア園」という赤煉瓦《あかれんが》建築を取得したと発表した。明治の建築で、イエズス会修道院が当時、拠点を置いた建物である。

五年後に九州新幹線が開通すれば、富裕層向けの商機が膨らむと睨《にら》み、マリア園を高級リゾートホテルとして活用していくのだという。発表にあたり、世界遺産登録を推し進めてきた長崎市の田上富久《たうえとみひさ》市長とにこやかに写真に収まった伊達美和子《だてみわこ》社長は

「長崎には世界中から人々がくる観光資源の宝がある」と述べている。

ここでいう「観光資源」も、やはり教会堂のことに違いない。マリア園は旧外国人居留地に位置している。目の前にある通称グラバー通りの坂を下っていくと、右手に急な階段が現れ、その先にゴシック建築風の塔がそびえ立つ。

国宝・大浦天主堂である。

キリシタン関連遺産の構成は何度かにわたって、削られたり分割されたり曲折した。だが、大浦天主堂だけはその筆頭であり続けた。なにしろ「国内最古の西洋風建築物」なのだ。

ペリーの黒船に始まった鎖国日本を開くプロセスは、一八五八年（安政五年）に米国、英国、ロシア、オランダ、フランスと結んだ修好通商条約で一区切りを迎える。長崎や横浜など五つの港が貿易港として指定された。居留外国人は特権的な扱いで、「居留の場所へ、寺社を建てる妨げなし」（日仏修好条約四条）と認められた。パリ外国宣教会によって建てられたのが、横浜天主堂（一八六二年）と大浦天主堂（一八六五年）だ。横浜天主堂は明治の終わりに移転したため、現存する大浦が「国内最古」である。

大浦天主堂では、二〇一七年十一月から半年かけて、世界遺産登録を見越した改修工事が施された。黒ずんだ外壁の漆喰《しっくい》は純白に塗り直され、屋根瓦《やねがわら》も取り替えられた。事業費は七〇〇〇万円かかったが、国の重要文化財建造物への補助金や、長崎県の世界遺産の構成資産向けの積立金などの公の財源が投入されたため、所有する長崎大司教区の負担は一割強の九〇〇万円に過ぎない。

確かに、大浦天主堂は国宝である。だが「祈りの場」としては同じでも、保全のために六〇〇〇万円以上もの税金が支払われる大浦天主堂と、たった二十万円の岩の撤去費に頭を抱える生月島の扱われ方のギャップは、あまりに大きく見えた。

どうしてここまで違うのだろう。

「カトリック」と「生月島のかくれキリシタン」――もとを辿《たど》ればどちらも十六世紀の宣教師が伝えたキリスト教の教えから派生したはずだ。だがその両者の扱いの間に、なにがしかの断絶が存在していることを、私は意識し始めた。

第二章　とても長い祈り

作家・遠藤周作の目線

生月島の人たちは、どのような信仰形態を守ってきたのか。

出発に先立って東京で集めた素材を眺めていたときに、参考になる映像があった。二〇〇八年に制作されたNHKの『知られざる殉教者』というドキュメンタリー番組だった。その筋立ては次のようなものだ。

「豊臣秀吉のバテレン追放令、徳川幕府による一六一四年の禁教令を経て、その後弾圧が激化した。全国四十万人にも膨らんでいた信徒が次々と棄教する中、密かに信仰を続けたのが生月島のかくれキリシタンだった。彼らは、表向きは仏教徒を装い、年に一度は踏み絵を踏む。そうして〝転んだ〟ように見せかけるために聖母子像をあえて仏画に似せて描き、さらにその御神体を納戸にしまって拝む。その信仰が現在も残っている」

「死を選んでまで信仰を捨てなかった」という殉教者たちと、「生き抜くことで信仰を続けたかくれキリシタン」という対比はわかりやすい。

ただ、番組を見て「おや？」と感じる場面もあった。

最後に登場する現代のかくれキリシタンの信徒は、毎朝、自宅の納戸の御神体にオラショをあげる前に、なんと立派な仏壇にも手を合わせていたのだ。

もちろん、信教の自由が保障された現在だから、それらは自由意志による宗教行為ではある。しかし、そうであるならば〝仏教徒を装っている〟というよりは、〝キリシタンであるが仏教徒でもある〟ということになるのだろうか。

それに、いつからそうなのだろう。

そもそもこれはとてもセンシティブな宗教心理だ。キリスト教は絶対的な創造主を信仰する一神教だから、本来、仏像はキリスト教の教義の上では、崇拝することを禁じられた〝偶像〟にあたる。先祖だって神様の被造物に過ぎないから、拝むわけにはいかない。仏壇に手を合わせる行為がカモフラージュならばまだしも、信心としてそれも大切にしているならば（映像ではそう見えた）、〝キリスト教の神様〟は絶対神ではなくなりそうだ。

信仰のために命を落とした「殉教者」の悲壮なイメージと、やや違う気もしてくる。〝キリシタンであるが仏教徒でもある〟というのは、生月のかくれキリシタンを考えるときに大切なポイントになりそうだが、番組は、そのあたりには踏み込んではいなかった。

その代わりに、この信徒が集落の古老でもある父とともに、節のついたオラショ

「歌オラショ」を唱える、印象的な姿を映し出していた。
たしかにそれは、素朴な韻律《いんりつ》が美しく、胸を打つものだった。

参ろうやな　参ろうやな　　パライゾの寺にぞ参ろやな
パライゾの寺とは申するやな　広いな寺とは申するやな（中略）
今はな涙の先なるやな　　先はな助かる道であるぞやな

パライゾは、ポルトガル語の天国（paraiso）である。
「涙の先」、つまり、現在の苦難を超えた死後の天国に救済を求める。キリスト教らしい死生観だ。美しい歌に心を奪われ、「仏教徒でもあるのか」という疑問はいったん、頭の中から消えていた。

じつは、この歌詞に既視感があった。遠藤周作の小説『沈黙』で、長崎奉行に捕らえられたポルトガル人司祭ロドリゴが獄中で折れそうな心を奮い立たせているとき、どこからともなく日本人信徒が口ずさむ哀歌が聞こえてくる、というシーンがあった。

参ろうや、参ろうや　　パライソ寺に参ろうや

パライソ寺とは申すれど　遠い寺とは申すれど

遠藤は生月の歌オラショを小説に生かしたのだろう。ただ、改めて読み直すと、気になる記述もあった。司祭（パードレ）との間で問答を交わす奉行に、こう語らせている。

「根が断たれれば茎も葉も腐るが道理。それが証拠には、五島や生月の百姓たちがひそかに奉じておるデウス（神）は切支丹のデウスと次第に似ても似つかぬものになっておる。（中略）やがてパードレたちが運んだ切支丹は、その元から離れて得体の知れぬものとなっていこう。（中略）日本とはこういう国だ。どうにもならぬ。なあ、パードレ」

そして奉行は「得体の知れぬ」生月の信仰は取り締まる必要すらない、と断じるのだ。

「根が断たれれば」という表現から察するに遠藤は、生月島のかくれキリシタン信徒が奉じる〝神様〟は西欧のキリスト教とは切り離されてしまった、と考えているということだ。だから取り締まる当局の幕府も、危険思想ではないと判断していた、と。

NHKのドキュメンタリーも、遠藤も、死後の天国に救いを求める生月島の歌に、聞く者を惹きつける力を感じている。だからこそ引用したり転用したりしているのだろうが、その割に、いずれも〝何か違う〟という感じを漂わせている。生月のかくれキリシタンの信仰は、もともと宣教師たちが伝えたものと何か違うのか。「死んでも信仰を捨てなかった殉教者たち」と何か違うのか。

整理してみたい。島を歩いてみた第一印象は〝殉教聖地が大切にされていないんじゃないか〟というものだった。そして事前に抱いていた〝キリスト教とは何か違う〟という予感。ただ、そうはいっても生月の信仰は、見る者を惹きつける何かを放っている──。

それらの疑問や論点を整理していっても、まだ頭の中できちんと像を結ばない。やはり信徒に会ってみなければ、何もわからない。

殉教聖地巡りをした後、事前に連絡をとっていた中園成生学芸員のいる「島の館」に足を運んだ。東京で目にした聖画集の編著者欄に名前のあった三人のうち、最も若く、今も現役である唯一の人物だった。

ネット上には、古老たちがこの施設で伝統のオラショを披露している動画も残っていたのだが、「あのイベントは、五月と十一月にお願いをしています」とのことだった。

「でも、ちょっと近いうちに行事がないか、ご相談をしてみましょう」

そういって、電話をかけてくれた。

土用の「聖画の虫干し」

かくれキリシタン信仰の特徴はそのオラショにある。もちろんキリスト教の「教義」に源流があるが、弾圧下であるがゆえの「音で伝える伝統」がそこにはあった。

生月島の〝背骨〟にあたる番岳は標高二八六メートルしかないが、島の東西が三キロと狭いため、天に向けて急に標高が上がるかたちになる。

その山の中腹、さらに斜度が高まる登山口の手前に、かつて牧草地だった平地が段々畑のように広がっている。生月では貴重なその平地を生かし野球場やプールなど公共施設が点在する。同じ緑の地平の一角に、簡素な小屋があった。

矢切には、控えめに十字架が掲げられている。元触地区小場《こば》の信徒たちが、二〇〇六年に建てた御堂《みどう》である。御誦（オラショ）を唱えるかくれキリシタンの行事に立ち会いたい、という希望がかなう機会を得たのは、殉教地巡りから、二週間ほど過ぎた頃だった。

「たまたまですが、御前様を虫干しする、〈土用中寄り《どよなかよ》〉という行事があるんです」

中園学芸員の話に二つ返事で飛びついたのはいうまでもない。行事まで二日。移動を考えるとぐずぐずしていられない。すぐに、長崎行きの航空券をとった。

御堂に到着したのは午前七時半。蝉の声が降り注いでいたが、建物に一歩足を踏み入れると、六畳ほどの広間は静かで、先に集まった壮年の男たちが居住まいをただしている。

入り口と向かい合う壁一面が、〈磨りガラスの格子戸〉だ。

引き戸を開けると、内側の梁《はり》から大漁旗のような鮮やかな文様の入った濃紺の布が、幕のように左右に開きながら垂れ、奥が見通しにくくなっている。一段奥まった中央の空間に目をやると、鳳凰《ほうおう》が彫り込まれた飾り扉があって、さらにこれを開いたところでようやく祭壇が見える。壁には幼子イエスを抱く聖母マリアのお掛け絵が下げられている。

そう、御神体「聖母子像」だ。

聖母子の下に二人の宣教師が配され、聖母子を仰ぎ見ている。ザビエルと、イエズス会創立者イグナチウス・ロヨラだなと見受けた。思わず「ロヨラ、ですか」と、確認してみたが、男たちからは反応がない。初《しょ》っ端《ぱな》から場違いな問いかけをした、と悔いた。

聖画の構図には、見覚えはあった。だが細い描線やマリアの足元の唐草模様のような雲の表現は、西欧画とは違う、素朴なものだ。

そして、〝押し入れの中のイエスとマリア〟の前で、初めてオラショを聞いた。いや「見た」と書く方がいいかもしれない。ほとんど聞き取れなかったのだ。

聖画に正座で向き合う七十代と六十代の男二人は、もじょもじょと口の中で何かを唱えていた。二人とも背は高くないが、引き締まった体つきをしている。その後ろで一回り若い残りの四人が、中央を境にゴザを敷き、黙って向かい合っている。

誦する二人は時折、胸の前で十字を切って、顔を見合わせ、拍子を合わせる。

お茶の入った湯のみを両手に持って聖画の方に掲げ、また、もじょもじょと祈る。よく耳をすますと時折かすかに、「サンタマリア」とか「デウス」という言葉も漏れ聞こえる。そして、十分足らずで祈りを終えた。

確認しないでここまできてしまったが、この「土用中寄り」とは、家屋の奥に座する御神体の聖画を虫干しする行事だそうだ。

「土用」という旧暦を基準にした日取りでキリシタンの儀式……ということなのか。

そもそも土用干しとは日本中どこでもある農業の風習だ。水田の水を抜き、土壌に酸素を行き渡らせるために夏に行われる。併せて家の中の畳や服を干したり、梅干しを干したりする。そのくらいのことはなんとなく知っていた。そうした農業習俗とかくれキリシタンの行事が一体になっているのは、新鮮な組み合わせに感じられた。干す前に聖画に祈りを捧げ、干し終わった後にも、もう一度オラショ。

こうして一時間ほどで儀式は終わったが、わからないことだらけのままだった。恐る恐る、何を祈っているのかと訊いてみた。

「まず〈申し上げ〉とか〈お届け〉といって、今日の行事も無事にお守りくださいと御前様にお願いするですたい」

先ほどまでオラショを唱えていた田中弘隆さん（六十二歳）から数冊のノートを渡された。ぬっと差し出した腕は太く、胸板が厚い。職業は港湾潜水技士だという。防波堤をつくる海中の職人である。

「何十年か前に、ばらばらになってしもうたらいかんというので、先輩たちがまとめたものよ。これができるまでは、全部、師匠からの口伝えやけん」

オラショのノートはワープロ文書を何度かコピーしたもので、八十ページに及んだ。ぱらぱらとめくっていて、まず目に飛び込んできたのは、「ケレド」と題された祈

行事でオラショを唱える様子（かつての山田地区の写真　提供「島の館」）

りだった。現在のカトリックやプロテスタントがミサや礼拝で必ず暗誦する「使徒信条」に原型があることがすぐにわかったからだ。

イエス・キリストの誕生、磔刑《たっけい》、復活というストーリーを記しているくだりを引用しよう（読点は筆者が適宜補った。以下、引用部は一部を現代仮名づかいに改めた）。

〈御親《おんおや》デウスのその御一人のこの御子《おんこ》（中略）ポリシユペリヤ科下においてはかしゃく（筆者注・呵責）を受けられ、クロスかかり死に給《たも》う、御棺に納められ給う。

大事な坂を下り給いて三日目によみがへり給う、天に上り給う、萬事かない給う、御親デウスの御右にそなはり給ひて、それ

より生きたる人、死したる人を糺《ただ》した給うが為に天降《お》り給ひて〉

誤字と思しきところもあって、わかりやすい文章ではない。だが、現代のカトリック中央協議会の「使徒信条」の相当するくだりと対比をしてみるとどうだろう。

〈主は（略）ポンティオ・ピラトのもとで苦しみを受け、十字架につけられて死に、葬られ、陰府（よみ）に下り、三日目に死者のうちから復活し、天に昇って、全能の父である神の右の座に着き、生者と死者を裁くために来られます〉

例えば、オラショの中の「萬事かない給う、御親デウス」という箇所。「かない」を「かなえ」へと一文字直せば、現代の「使徒信条」の「全能の父である神」とほぼ等しい意味になるではないか。文意から共通項が抽出されてくる。

私は、静かに感動を覚えていた。

宣教師たちは今から四五〇年も前に航海の危険を冒して日本にやってきた。そこを起点に日本人の信徒が十数代にわたって密かに伝誦してきた祈りと、近代キリスト教による再布教の結果、全く時間軸の異なる経路をたどって日本に伝わり洗練され、末《まつ》裔《えい》の自分も覚えた祈り。その両者に共通した響きがある。

翻訳も今のように自由でない時代から、かくれキリシタンのオラショは二五〇年以上にわたる弾圧のトンネルをくぐりぬけてきた。その証《あかし》に思えた。

ページを繰っていてさらに特徴的なのは、ラテン語風やポルトガル語風のくだりだ。こんな具合に五行以上もカタカナが連続したりする。

〈アメマリヤ、アガラスサビンナ、ドウメス、（中略）アンメーイゾ、スーマリヤ〉

黙読しながら、必死になって理解できる箇所を探している自分がいる。「アメマリヤ」は、今のカトリックの「アベマリア」ではないか。「アンメーイゾ」は「アーメン」だろうな、と。

「ラテン語風」「ポルトガル語風」と記したのは、アルファベットではなくカタカナで書かれているから、もとの単語が何だったのかを簡単には確認できないからだ。どう理解をしたらよいのか尋ねると、田中さんの答えは率直で、私には衝撃だった。

「カタカナのところは意味が全然わからん」

「暗誦」するために

教義の理解が薄れることは、信仰が鈍麻《どんま》することなのか。かくれキリシタンたちが語り始めた言葉に、キリシタン信仰に私が抱いていた〝神話〟が崩れ始めた――。

一瞬、沈黙してしまった。「意味、わからないんですか」と問い返しそうになって、慌てて飲み込んだ。気まずくなって合いの手は曖昧《あいまい》な声になった。

ならば、どうやって覚えるのだろうか。

「いやこのカタカナは意味がわからんから、簡単には覚えよらんもん」

考えてみる必要がありそうだ。もちろん、きちんと意味を伴って受け継がれてきた部分もある。「ケレド」の祈りは現代に共通する響きがあるし、わかりやすい日本語で「我があやまりなり」と繰り返す、カトリックの痛悔《つうかい》の意識に通じるような祈りもあった。

だが、このオラショノートの大半はカタカナ語だった。それらは〝意味がわからない祈り〟なのだ。

正直に告白すると、この瞬間、私はつい数分前まで味わっていた感動から醒《さ》めて、かすかにがっかりする気持ちが胸に広がるのを感じた。

ただ、少ししてから、「待てよ」とも思った。

――自分はどうなんだ。

私が教会学校で覚えた「主の祈り」の終わりは「父、子、聖霊の御名によってお捧げいたします」となっている。覚えてはいてもいわゆる三位一体《さんみいったい》の神の説明でさえ上手にできるかどうか、怪しいものではないか。しかも教会にまじめに通っていた頃でさえ、暗誦する祈りの意味を考えながら祈ることなどしなかったではないか――。

そう考え出すと、思い込みから解放される快感が走るようでもあった。

クリスマスになると街中で流れる定番の賛美歌に「グロリア」という曲がある。正直に告白してコーラス部分の「グロリヤ・イン・エクセルシス・デオ（Gloria in Excelsis Deo!）」というラテン語の意味を私は最近まで知らなかった。検索してみると、「いと高きところでは神に栄光があるように、地には平和があるように」という、キリスト教では定型のフレーズだった。

この邦訳の方はというと、まさに「意味もわからず丸暗記」で叩き込まれた。

小学二年生の頃のクリスマスに、私たち教会学校に通う男子児童三人に課せられた課題が「ルカによる福音書」に出てくるイエス生誕のくだりの暗誦だった。四〇〇字詰め原稿用紙にして二枚半ほどの文章だが、「勅令《ちょくれい》が、皇帝アウグストから出た」とか「身重《みおも》になっていたいいなづけの妻」とか、当時の新共同訳は小学校低学年には難解だったのを記憶している。

「いと高きところでは」の文句は、ベツレヘムで羊飼いのもとに突然降り立った天使の大軍が、救世主の誕生を知らせる際に口にする。これも繰り返し声に出して覚えた。反復と暗誦を通じて「神を賛美する」という祈りの習慣を持つこと。私は、キリスト教信仰をそうしたものとして受け入れた。

意味のわからない文句を覚える行為は、言い換えれば、「音声を覚える」ということだ。

現代のキリスト教における「主の祈り」や、「使徒信条」だって、信徒は暗誦する。最初のトレーニングは繰り返し暗誦して、文章の連なりを記憶に染み込ませていく。こうしていったん覚えてしまえば、リズムや音階が脳裏に刻まれて、意味内容をわざわざ思い出さなくとも、繰り返し文句を唱えることができるようになる。

頭を空っぽにしても口から出る暗唱文のリズムは、私にとっては心の平衡《へいこう》を取り戻してくれる〝メトロノーム〟のような響きを持っていた。それは今も変わらない。

生月の祈りの意味がわからないからといって、宗教行為の深みが減るのだろうか。神様が救済してくれる順番が変わるのだろうか。般若心経《はんにゃしんぎょう》だって大差ないのではないか。

さらに思いを巡らせてみると、私の勝手な誤解があった面も否めない。

「パライゾの寺にぞ参ろやな」の哀歌のイメージを膨らませたまま、私は島を訪れた。宗教的使命感に殉じることに生きがいを見出すようなエリート宣教師たちがいて、殺される直前に「ここから天国は、もうそう遠くない」と口にするほど信仰に委《ゆだ》ねた日本人信徒がいた。パジェスの『日本切支丹宗門史』にはたしかにそう記述されていた。だが「悲壮な道をあえて選ぶ信徒たち」の高潔なイメージは歴史物語がつくり出したものだ。宗教物語には多かれ少なかれ、〝オーバーな話〟が紛れ込む余地がある。

さらにいえば現代の末裔たちにその悲壮なイメージを無意識に重ねてしまっては、二重に認識を間違ってしまう。

私の目の前には、二十一世紀の経済社会に生きる生真面目な信徒がいるだけだ。等身大の彼らの姿を見つめる、そのために私はここに来たのだ。

同じ生月島のオラショでも、日本語に翻訳された「ケレド」の祈りならば、現代の信徒と同じ暗記プロセスをたどることができる。だが、ラテン語もポルトガル語も解さない人が異国語の祈りを暗記する場合、頼りになるのは音声しかない。

改めて、問いを重ねた。田中さんの答えはぶつ切りだが、明瞭だった。

「仕事の合間に三か月も四か月も何度も繰り返すしかない。江戸時代の昔は弾圧されとるから、書物が見つかったらおしまいたい。だからノートも書きよらん。師匠から聞いて、覚える。それしかないたい」

禁教期には口伝だけで暗記され、唱えられ、伝授されてきた。テキストがあれば伝誦は楽だったろうが、その誘惑をあえて遠ざけたのだ。

田中さんによると、数十年前までの生月では、行事の当日に信徒同士が通りで顔を合わせても、信仰を守る組が違えば行事のことは口にしなかった、という。情報が漏れたら集落ごと取りつぶされかねない。禁教期のその緊張感が、祈りの伝誦を口伝のみに限定する独特の禁欲的なスタイルの背景となったという。

「戦後に先輩がそのオラショのノートをつくりよるようになってからも、先輩が持っているノートを手書きで書き写しなさいといわれとった。書き写したら覚えられる？いや容易じゃなか。行事のときにまた一生懸命見直して、そのまま覚えるよう努めるたい」

黙っていた中園学芸員が一言、問いかけた。

「だけん、このノートはコピーになっとる。これは先代のノートになるとですね」

そうなのだ。口伝から手書きノートへ、手書きノートからコピー複写へ、という変化の痕跡がそこにははっきりと刻まれていた。伝承のルールが大きな曲がり角にあることも、見て取れた。

「音だけ」で受け継ぐ

〝口伝主義〟は、当たり前ながらデメリットも大きい。ノートの冒頭ページには当時の長老で、かつて町議も務めた大畑博氏という人物が小文を載せ、こう書いている。

「伝承された御誦詞は部落、部落にて聊《いささ》かの相違があるが、これは長年口移し的伝承がかかる結果を生じたものである」

師匠と弟子の間で口頭で交わされる伝誦だから、ひとたび〝変異〟が生じれば後から修正することは難しい。例えば伝え手の誤解があれば、センテンスは変化してしまう。

前出の「ケレド」に即していえば次のセンテンスがそうだろう。

〈ポリシユペリヤ科下においては……〉

「科（とが）」の文字は「ポンティオ・ピラト（Pontius Pilatus）」という固有名詞の最後の「ト」が、次の「が」とくっついてしまい、漢字があてられたと推察できる。

〈ポリシユペリヤトが下においては……〉

こう直せば、意味はすっと通る。江戸時代ならともかく、今ならカトリックの教本の一冊でも買ってくれれば、こうした訂正は可能だろうに、とも思った。

また、イエスが死後に下る「大事な坂」は、「大地の底」と伝わっている集落もあると、取材の後で知った。これも現代日本のキリスト教が用いる「陰府」(よみ・死者がとどまる場所)という言葉だとすると、「大地の底」の方が原意に近そうだ。字や発音が誤ったまま現代まで伝わってきたからといって、価値のないものと断じるのは早計だろう。意味を失えばただの呪文だ、とみることもできるかもしれないが、「文意」という〝補助線〟がない分だけ、暗記と伝誦には熱量を要する。

もう一度、オラショノートの小文の続きを読んだ。

「一部在、堺目、元触の御誦詞を調べてみて、どこの部落のが正しくどこの部落のが間違っているかはわからない。いずれも昔より守り続け伝誦されて来たものである。私はこの部落の御誦詞の中より最も正しいと思われる御誦詞をこの三部落の長老(中略)のご意見を仰ぎ書き上げてみた」

日付は「昭和四十七年(一九七二年)十月三十日」になっている。一九七二年といえば、田中角栄が『日本列島改造論』を発表した年。高度経済成長を果たし、交通インフラは僻地や離島にも及び始め、国土の姿が刻々と変わりつつある頃だ。

前章で記したが、平戸島が九州本島と赤い平戸大橋で結ばれたのは、その五年後の一九七七年、平戸島と生月島が青い生月大橋で結ばれたのはさらに十四年後の一九九一年だ。フェリーがなければ足を踏み入れることができなかったこの島に、新しい人の流れが生まれつつあったに違いない。

「音声による保存」が生月のかくれキリシタンの伝統だとしたら、このノートは、互いに音声を持ち寄って精度を上げようという新しい時代のチャレンジだったのかもしれない。

そう考え直すと、とても実直な態度に思えた。突き合わせれば、〝誤り〟と指摘されるようなものが見つかるかもしれない。それでも、ごまかさずに書き記す。先祖が編み続けた歴史を信頼し、恥じることはないという決意のようなものが感じられたからだ。

ただ、疑問が消えたわけではない。

「音声」で伝える信仰であれば、教義の「意味」は後景に退く。それは信仰が内実のないものになってしまうということなのだろうか。その疑問は解けていない。

遠藤周作が『沈黙』で書いた「得体の知れぬもの（信仰）」という言葉がよぎった。どうやって訊いたらいいのだろう。まじめな信心を愚弄《ぐろう》するような言い方だけは、したくなかった。

祈りを続けていて、信仰していることによって神様に守られているという思いは、ありますか――。そう尋ねると、田中さんは少し考えてから、口を開いた。

「あるっていえばあるし、なかっていえばなか。仕事で海に出るろ。年初めも、危険な現場の日も、港から出るときは、やっぱり（聖地）中江ノ島の方に手を合わせて拝むもんな」

生月島は、浜手エリアはまき網漁業で栄えたが、山手エリアでは港湾建設会社が九州西岸で商機をつかみ、経済の一翼を担ってきた。港湾潜水技士の田中さんもその一人だ。

生月で中学卒業後、見習いを経て二十八歳で独立。以来、平戸、五島、対馬、壱岐、福岡と県内外の海に潜って体を張ってきた。六十歳を過ぎた今でも、地上の重機と連携しながら、海底に適切に巨大な石材を置く作業にあたる。レギュレーターを咥《くわ》え、一度潜れば二時間は上がってこない、危険と隣り合わせの仕事でもある。

「船に乗り込んで港から出るとき、けがのなかことって。帰ってきたら、『ありがとうございました』じゃなかばってん、また手を合わすもん。実際、海で仕事をしていると（神様の力を）感じることがある。災難をよけよっとばいね、と思うときが」

どういうときですか、と訊いたが、「思い出さんな」と笑って、付け加えた。

「二十年前に津元を受け持つまでは、そういうことは思わんかったばってん」

集落内部で信心をともにする数十世帯ごとの組を生月では「垣内《かきうち》」といい、垣内の中で御神体の聖画（御前様）を受け持つ家を「津元」と呼ぶ。この「垣内」「津元」という組織と、そこで果たした〝役割〟に何か鍵がありそうだ。

頭の中は散らかったままだが、また取材を重ねてみるしかないだろう。もっと話を聞きたい。急く気持《せ》ちを抑え、長崎空港へ向けて車に乗った。

教会に代わるもの

全国に先駆け弾圧が始まった生月島では、長崎より早く教会は壊された。教会の代わりに信仰を支えたもの——それは「オジ役」と「オヤジ役」が牽引《けんいん》する宗団だった。

私の手元に『信徒必携』という小手帳ほどの冊子がある。約三十年前、受洗の際に牧師から手渡されたものだ。取材に出る直前、かばんに入れていた。「教会生活の原則」の項にこう書かれている。

「信仰生活は具体的には教会生活である。聖書によると教会を離れた信仰生活はない。（中略）教会のかしらはキリストであり（エペソ人への手紙五章二十三節）、ここに召された信徒は、その肢体なのである（コリント人への第一の手紙十二章二十七節）」

教会がなければ信仰を続けることはとても難しい、と思う。

私も洗礼を受けて教会運営のための月例献金を求める封筒を渡されたとき「この教会を通じて信者になるのだ」と生々しく感じたものだ。逆に、高校生になり、日曜日に教会に行かなくなって間もなく、食前の祈りもおろそかになった。

教会の機能は多岐にわたる。カトリックならミサの場であり、神父に罪の許しを求める告解《こっかい》の部屋もかかせない。

教会がなくなった生月島では、どうだったのだろうか。教会員に相当する「垣内」単位でできた独特の信仰組織について、昭和三〇年代に調査した宗教学者の古野清人《ふるのきよと》はその著書『隠れキリシタン』に、こう記した。

「生月キリシタンの宗教上の体統（hierarchy）で、最高の地位を占めているのは、洗礼を施すお水の〈授け役〉である。一般におじさま・おじいと敬称されている。また在《ざい》［筆者注・山手の地域］の小部落には、〈うちないの神様〉を納戸などの秘められた所に祀っている家がある。もちろん普通の農家であるが、これを〈つもと〉と呼んでいる。つもとの家長は〈ごぜん様〉の番をしているわけで、したがって〈御番役〉または〈御番主〉とも呼ばれる。つもとは一般におとっさま・おやじさんと敬称される。

つもとは世襲である部落と、神とともに移動する部落とがある」

「オジ（爺）」も「オヤジ」も役名である。田中さんが「津元を受け持つ」といったのは、自宅でお掛け絵を祀る「オヤジ役」を引き受けた時期のことだった。とりわけ元触ではオヤジ役が、洗礼をはじめとする、オジ役の水の仕事も兼ねているから責任が重い。田中さんはいっていた。

「四年にいっぺん、お神様も持ち回りする。津元を受け持つと、タンスごと移ってくるたい。床の間の空間にハマらんときは、家の方ば、改造しよった。行事となれば、神様のいるこの家に、オジ役と六人おった〈役中《やくちゅう》〉というのが、集まってくる」

「役中」とは津元に属する五～六軒単位の小組（コンパンヤという）のリーダーで「み弟子」とも呼ばれた。〝本部〟に対する〝支部〟にあたるとみればわかりやすい。

　教会の機能を代替するようなこの信仰組織は一体、何に範をとっているのだろうか。

　この点、「島の館」の報告書（「生月島のかくれキリシタン」）には、「一七世紀初頭の山田の西玄可の殉教報告の中に〈聖母の信心会〉という組織があり、その頭である西玄可は家に聖画を祀っていたという記述がある」とあった。

　ガスパル西が処刑されるのは一六〇九年だから、宣教師がいた当時には、何らかの原型があったことになる。

元触地区への取材で見せてもらったオラショノートとは別に、行事の注意事項や祈り方の〝秘伝〟について、三十ページにわたって手書きしたノートがあった。

生活のスタイルや振る舞い方まで含めれば、代々に口伝されてきた〝知恵の総体〟はどれだけの量になるのか、計り知れないものがある。

しかも驚いたことに同じ生月でも、四つの集落ごとに、オラショの節回しや言葉遣いに始まり、行事の内容に至るまで少しずつ違いがある、というのだ。

この拡がりが信仰を彩りのあるものにしている。

意味はわからなくとも

「音声による保存」の凄みを感じさせられたのは、四十分にも及ぶ長い祈りだ。

島中部の元触地区では、祈りは八本でワンセットだった。時間にして約十分。他宗教と比べてみると、般若心経は読み上げるのに三分程度、キリスト教の「使徒信条」や「主の祈り」なら一分もかからないから、暗誦するには長い祈りの部類に属するはずだ。

ところが、元触地区のオラショは、生月では、むしろ短い方なのだ。

ほかの集落では「一通《ひととお》り」と呼ばれる祈りが、じつに約四十分にも及ぶ。

その迫力に驚かされたのは三か月後の十月、序章にも記した島北部の壱部地区岳《たけ》の下《しも》の長老、土肥栄さんが捧げた「一通り」のオラショを目の当たりにしたときのことだ。古いしきたりを守ることに最も熱心に取り組んできた地域である。

「万事かないたもうれーうす始め奉る。いつもびるぜんなさんたまりあ……」

こうして捧げる土肥さんのオラショの声は野太い。

十四歳から漁船に乗り込んでいた土肥さんは、二十年前まで島の繁栄の象徴だったまき網や定置網を操った。海で鍛え上げられたからだろうか、九十歳を前にした今も背はピンと伸び、往時の筋骨の丈夫さを忍ばせる。心臓を患い、これまで二度の手術。私が取材に訪れた年の夏も異常な暑さで負担がかかり、九日間ほど入院をしている。ただ、行事では、病の影を見せることはない。

はっきりと声に出さずに祈った元触と異なり、壱部では明朗に声に出して祈るのが特徴だ。土肥さんによると、「はっきり声に出して拝むのは壱部だけ」とのことだった。一語、一語を明瞭に吐き出すその強い誦詞に耳を傾けていると、「拝まんばいけん、拝まんばいけん」という精神がひしひしと伝わってくる。

しかも暗誦するオラショは四十分。時折、胸の前で指先で十字を切り、時折、合掌した手を顔の前に持ち上げる。そうして四十近いタイトルの祈りを次から次へと唱えていく。

一分間のスピーチの原稿は三〇〇文字程度が目安といわれる。単純計算だと十分で三〇〇〇文字、四十分なら一万二〇〇〇文字に及ぶ。原稿用紙三十枚分もの分量になる。しかもオラショは早口だから、スピーチ原稿よりも分量はもっと多いはずだ。

加えてスピーチならば意味を完全に理解して、論理の展開を支えにしながら言葉にすることができる。オラショは定められた順番こそあるが、論理展開はない。にもかかわらず、丸暗記しているのだ。

暗記するエネルギーを考えたら、その途方もない熱量に頭がくらくらしてくる。

行事は大変ではありませんかと尋ねると、土肥さんは涼しい顔だった。

「私たちが若い時分に垣内で役職を持っとったときは、正座して三時間くらいは平気で座っとかんといけなかった。膝を崩せば叱られたですたい」

何かを身体に刻みつけるように祈ってきたのだ。

七〇〇回の繰り返し

取材を進めていると、「長い祈り」にはさらに〝上〟があった。

「一時間以上に及ぶ長い祈りもあった」という証言を聞いたのは、島中部にある元触地区小場の元オヤジ役の田中弘隆さんと、その先輩の元オヤジ役・堤田茂さん（七十五歳）のお宅に伺い、改めてインタビューをしていたときのことだ。堤田さんがいう。

「〈お七百〉と書いて〈オシッチャク〉と読むお祈りがあって、四十九年の法事のときなんかは、普通それをしよったね」

四十九年というと、仏教的な区切り方だ。なんですかそれ、と聞くと堤田さんがいう。

「〈キリアメマリア〉というオラショば、七〇〇遍あげるたい」

「キリアメマリア」はラテン語がもとになった祈りの一つで、一遍はそれほど長くはない。冒頭の「キリアメマリア」は「キリヤレンツ、キリステレンツ、キリヤレンツ」というパートが〝サビ〟にあたり、繰り返し唱えなければいけない。オラショノートの監修者でもあった大畑博が私家版の活字冊子としてまとめた『生月里旧キリシタン――御誦詞と行事』（一九八七年）を田中さんが見せてくれた。もとになったラテン語の祈りは、
Kyrie, eleison. christe, eleison. Kyrie, eleison
〈キリエ　エレソン　クリステ　エレイソン　キリエ　エレイソン〉

と綴《つづ》られていた。カトリックのミサで「憐《あわ》れみの歌」として知られている。邦訳す

れば「主よ、憐れみたまえ。キリストよ、憐れみたまえ」という意味だ。

でも七〇〇遍もどうやって数えるのでしょう、と尋ねると今度は田中さんが続けた。

「間違えたらいかんから、手元にマッチ棒を用意しておいて、十回やったら脇に一本置く。十回やったらまた一本置く。それで途中の四〇〇回までできたらお茶をもろうて休憩して、また残りの半分をやるわけたい」

同じ島内でも祈りには様々なバリエーションがある。

島中部の元触地区ははっきりと声に出さない。ふだんは短いが特別な日には長い祈りもある。北部の壱部では声に出すし、ふだんから比較的長い。こうした違いはどうして生じたのだろう。その理由の一つとして、元触地区で小場の隣に位置する辻《つじ》垣内の元オヤジ役、谷山久己《たにやまひさみ》さん（六十五歳）はこう解説した。

「禁教の時代、〈押役《おしやく》〉と呼ばれるキリシタン取り締まりの奉行所が、この元触に置かれた。役人に聞かれないように一通りの御誦は短く、声も小さく速く唱えるようになったのだと思います。御神体を管理するオヤジ役の職も、壱部では長年世襲ですが、元触は輪番を敷いてきた。こうした違いも、監視の目が厳しかったことが影響したかもしれない」

元触には役人の在所があった。キリシタンは彼らを「カッツ」と呼ぶと研究書にある。

「カッツまたはカツーとは、徳川幕府がキリシタンを監視するため派遣した徒《かち》ざむらいの仲間であることは疑いない。彼らは禅宗に属し、仏式に精進して魚を食べない点でも、非キリシタン的風習を守っている。キリシタンにとって、彼らはスパイ的存在と映じた」（古野清人『隠れキリシタン』）

ではこうして育まれたオラショの稽古はどうやるのか。谷山さんは二十歳の頃、オラショを唱えることができる先輩（御誦人《ごしょうにん》）に〝入門〟したという。

「農閑期にあたる一月五日のことでした。その頃は上等な着物を身につけ、雪の日でも雪駄を履き、先輩の家に一升瓶を贈って教えを乞《こ》うのです。呼吸の切り方とか、クロスの切り方とかを入念に繰り返した。私は二週間で終えたけれど、一か月かかる人もいた」

昭和三十年代の調査には、さらにその一回り先代の経験も記録されている。

「教える人も熱心で、よく覚えない者は水の中に入れたり、薪の上に座らせ、ともに神に祈ってまで暗誦させたという」（古野前掲書）

二五〇年以上の時を経て、微妙な派生を生じながら祈りは伝えられてきた。

生月の信仰の姿は、私が抱いていたカトリックの信仰のイメージと大きく違っていた。

教会堂で聖歌や賛美歌を歌って聖書を読み、その「神の言葉」の「意味」について神父や牧師の語りに耳を傾ける。それがキリスト教的生活の姿だと思ってきた。

当然ながら、この島には聖職者も聖歌集も聖書もない。

その代わりに〝先祖と同じように祈る行為〟が信仰の核にある。この核を大切にする方法として、口伝に徹した。現代人の目線からいえば、そのキリスト教っぽくない〝教会〟は、奇異にも、やや滑稽《こっけい》にも映るかもしれない。

だが、このオラショの世界を目の当たりにして、私の受け止め方は少し変わっていた。禁教期の信徒たちが、持てる力をすべて注いで信仰を受け継いできたエネルギーの凄まじさに圧倒されていた。それは〝生月らしさ〟とでも呼びたくなる、また別の魅力だった。

もしかしたら、〈ちょんまげ姿の洗礼者ヨハネ〉に感じた、言い表しようもない魅力も、同じところに源があるのかもしれない。

第三章 受け継がれる儀式

「イブ」は「お産待ち」

生月には、かくれキリシタンが守ってきたじつに多くの儀式がある。ここでも原型となっているのは、布教されたカトリックだ。原型がありながら独特の〝生月らしさ〟がある——オラショでも見られたこの構造は、年間の行事についてもいえることだった。

私たちは毎年十二月二十五日を当たり前のように「クリスマス」と呼んでいるが、生月の信仰の場合、その前提がかなり違っている。カトリックでいうクリスマスを生月では「お誕生」とか「霜月《しもつき》のお祝い」と呼び、復活祭（イースター）にあたる日を「春の上がり」もしくは「上がり様」と呼んでいた。

しかも行事の日取りは現在のカトリックの暦《こよみ》とは一致しない。定められた方法で日程が決められるのだが、それは江戸時代に用いられていた旧暦を基礎にする。

例えば二〇一七年の「お誕生」は十二月十七日だった。そのことを教えてくれたのは、島南部の山田地区日草《ひぐさ》のオヤジ役で、この年四月から平戸市役所生月支所長を務める舩原正司《ふなばらまさし》さん（五十五歳）だ。縦書きのノートには、行事の決め方が、几帳面に手書きされていた。

「クリスマスのことを、私の集落では〈霜月のお祝い〉と呼んでいます。垣内の信徒が御前様の元に集まって、御前様にお祈りをして、酒と魚をいただくことになっています。その日取りは、〈毎年の冬至の日の前の日曜日〉と決まっている。今年でいうと、十二月二十二日が冬至で金曜日、その五日前の日曜日がこれにあたります」

冬至を基準にクリスマスが決まる、というルールにも、「霜月」という呼称一つひとつにも、なんともいえない味わいがある。

誕生前夜に「お産待ち」という行事があるところは、イブを祝う習俗と符合する。ただ、〝救世主の誕生〟というよりは、女性の安産祈願などの意味合いで行事などが行われてきた集落もある、と「島の館」の報告書（「生月島のかくれキリシタン」）にはある。カトリックと別の色彩を帯びてもいるようだ。

霜月が決まることにもう一つの意味があると、舩原さんは教えてくれた。

「じつは、この〈霜月のお祝い〉が八月以降の下半期の日程の基準日になっていて、これが決まると自動的にほかの日程が決まります。霜月のお祝いから八週間前の日曜日が〈おとぼりゃ〉といって、殉教者の弔いの日です。さらに八週間前が〈盆〉になります」

日本的な「盆」の習俗が、〝クリスマス〟をベースに決まるところは矛盾のようにも思った。だがこれまたよく考えてみると、それだけ日本の習慣と一体化しているのだ。

下半期のクリスマスと同様に、上半期のカトリック最大の行事といえば、春の「イースター」だ。磔刑で殺されたキリストがよみがえったことを記念した復活祭である。イースターは春分の日の次の満月の次に訪れる日曜日（主日）があてられ、その四十六日前がキリストの受難が始まったとされる「灰の水曜日」と定められる。洗礼希望者はこの四十六日間（四旬節《しじゅんせつ》）に、改めて教えについて学び、イースターに洗礼を受ける。キリストが死んだことで人間の罪が許されたことを思い起こす「回心の期間」である。

生月島の信仰にもこれを原型にしたカレンダーがあるが、「灰の水曜日」にあたる日が先に決まる。つまりカトリックとは逆方向から定まるところが面白い。

「上半期については、生月ではまず、〈悲しみの入り〉という日程から決まります。聞きなれないかもしれませんが、これがカトリックでいう〈灰の水曜日〉です。決まりでは、〈年明け最初の日曜日が元日、二日、三日にあたったときは、その三日先が悲しみの入りとなり、最初の日曜日が四日、五日、六日にあたったときはその三日前が悲しみの入りになる〉とされています。

悲しみの入りの日が決まると、その四十六日後、これは必ず日曜日になるのですが、この日が〈上がり様〉、つまりカトリックでいうイースターです」

二〇一七年のカトリックの復活祭は四月十六日だが、生月島の「上がり様」は二月十九日。船原さんの手帳のこの日の欄には、赤い文字で小さく「御祝」と書き記されていた。

十字架で刑死し、地下にある陰府の世界に降《くだ》っていたイエス・キリストが復活して地上に「上がる」のだから、「上がり様」という表現は、カトリックが伝えた意味の何かしらを残しているように見える。二十歳でオラショを習得した島中部の元触地区辻の谷山久己さんはその年、この「悲しみ」の期間に近所の先達のところに入門した、と話していた。

〝イエスの十字架の死とその後の復活によって人の罪の許しが与えられる〟ことが意識されているわけではない。一方で、「土用中寄り」や「お盆」は、江戸期の農業集落では欠かせない習俗と不可分になっている。年中の生活のペースメーカーの役割を果たすほど、生月のキリシタン信仰が生活に浸透していることに、改めて驚かされた。

「お花」という儀式

カトリックで教義上の意味が大きい「お誕生」や「上がり様」には、かろうじてそのカトリックとのつながりを見ることができたが、表面に現れている姿からはつながりがわからないものもあった。

その一つが、島中部の元触地区辻の谷山さんから教えてもらった「お花」という行事である。島北部の壱部地区では「いただき」と呼ばれていた。

「十五歳から参加を許される最初の行事が〈お花〉なんです。津元の〝支部〟にあたる〈小組（コンパンヤ）〉という単位に属する七～八軒の信徒の家族、その全員が集合したものです。当然、賑やかでね」

谷山さんの幼少期、この日のために大釜で炊く飯の香ばしい香りが近所に立ち込めたという。メインの儀式は、もちろん大釜のご飯ではない。

「そこで行われるのが、〈おふだ様〉です。十五歳以上になると、おみくじのようなものを引くことができる。そういう行事ですたい」

ここでいう「おふだ」とは、スマートフォンくらいの大きさの木札のことを指している。参加者は、麻袋に入った十六枚一組の木札をまさぐって引くのだそうだ。

写真を見せてもらうと、十六枚の古い木札にはそれぞれ筆書きがされている。達筆すぎてほとんど判読できなかったが、一枚だけ「あん」と大きなひらがなが読めた。

「それが〝大吉〟にあたるものですたい。〈おかしらさま〉と呼ばれていて、マリア様のことなんです。それ以外の十五枚は、カトリックで〈十五玄義《げんぎ》〉と呼んでいる、聖母マリアとイエス・キリストの物語が書いてある。でもそんなことが書いてあるということは、ずっと後で研究者に聞いて知ったことです。僕ら信徒としては、意味はわからない、ただただ、ありがたい木札だったんです」

「十五玄義」とは、カトリックで「ロザリオの十五玄義」という基本の祈りのパターンに登場する十五のエピソードのことだ。「聖母マリアの受胎告知《じゅたいこくち》」に始まる「喜び」の五つの場面、キリスト受難から磔刑に至る「悲しみ」の五つの場面、復活とマリア昇天までの「グルリオーザ」（栄光）の五つの場面からなっている。

「イエスの受難の物語」と〝おみくじ〟はどう関係していたのか。

宣教師が、噛んで含めるように聖書の物語を伝えようとした工夫だったのだろうか。配って読ませる聖典もない中、娯楽の体裁を取りながら民衆を教義に導くためにあったのだろうか。だとすれば、その目的は達成されていない。札をきっかけにその教えを説き、教義に結びつけることができる神父や司祭という聖職者は禁教によっていなくなった。

ただ、信徒たちは一種の御神体として「おふだ様」を崇敬し、ありがたいものとして続けてきた。谷山さんは、振り返るようにいった。

「古くから代々使われているものですから、湿気や乾燥で札によっては歪んでくるんです。〈お花〉は毎年の行事ですから、毎回やっていると、手の感覚の方が〈おふだ様〉の歪みを覚えてしまって、〝これは〈喜び様〉のあの札だ〟とわかってくる。それを引くばい」

こんなにも行事に親しんでいる姿を宣教師が見たら、〝わかっていないな〟と怒るだろうか、それとも〝愉しんでくれたのはよかったのだが〟と苦笑するのだろうか。

この行事がキリスト教の教えにどうつながっているのかは、突き詰めないのですか、と尋ねると、答えに迷いはなかった。

「それはしないんですよ。先祖が続けてきたように、何百年と続いてきたように自分たちも伝える。それが正しいと信じて、先祖も身を寄せ合って結束してきたんですたい」

カトリックが伝えた原型はあって、そこからたしかに何かしらが失われている。しかし何かが失われてもなお、「信仰として守ること」にぶれがないのである。

「〈お道具あて〉をしておくれ」

イエスの復活にこめられた教義は失われたのかもしれない。しかし、四旬節の〝聖なる期間〟としての位置づけはたしかに残っていた。カトリックと同じように、生月の信仰でも「悲しみの入り」から「上がり」までが〝聖なる期間〟として意識されてきた――。

〝聖なる期間〟を理解したのは、島の南部、山田地区の長老、村川要一《むらかわよういち》さん（九十一歳）にインタビューの機会を得たときのことだ。「四旬節」にあたるこの時期、肉を食さなかったという逸話は、イエスが断食したというキリスト教の原義と符合する。

「悲しみの入りの日から晴れるまでは、肉は絶対食してはだめですよ。それからその期間中は、〈テンペシャ〉の麻縄を一日一本ずつなうわけですたい。ぶらぶらになっているその先っぽに、四角い穴の開いた一文銭をつけて、最後に上で一緒に束ねておった」

「テンペシャ」とはこれ自体が御神体そのものともなる「苦行の鞭《むち》」のことだ。

もともと中世のカトリック教会では、イエスの受難を追体験するために鞭で自らの身体を打ち、「悔い改め」に努める習慣があった。「悔い改め」をポルトガル語で「ペニテンシャ」といい、その信心具は「ジシピリナ」という。だが生月では、悔い改めの観念を表現する言葉が、そのために用いる道具の名に変わったようだ。

日本人が見たこともない昔の中東で起きた聖書の物語を伝えるのは難しい。そんなか手触りのある道具は伝道現場で重宝されたことが、宣教師の書簡からも読み取れる。

「ドン・アントニオ（籠手田安経）とその家臣らを中心とするほとんどすべてのキリシタンが、予《あらかじ》めこのために作っておいた我ら風の衣服で顔を覆い、頭には茨の冠を被って苦行に従い、鞭打ちながら教会に来て余りにも多くの血を流すので、ジョアン・カブラル師がこれ以上苦行をしないよう言いに行かねばならぬほどであった」（一五六五年、ジョアン・フェルナンデス修道士の書簡）

そして、迫害の世紀を経て、生月の信仰独特の用いられ方が、最近まで息づいていた。

一九二五年（大正一四年）の生まれの村川さんは「ジョアン」という洗礼名を持つ存命で最古参の信徒だ。

尋常高等小学校を卒業した村川さんは、その後一年足らずの一九四一年、勤労報国隊員として江迎町《えむかえ》（現・佐世保市）の住友炭鉱に向かった。さらに三菱長崎造船所立《たて》神《がみ》工場、三菱広島造船所で艦船築造にあたる徴用工を勤めた後に、徴兵検査を受け、大陸の上海へ渡る。通信兵として伝書鳩の放鳩《ほうきゅう》訓練にいそしんでいる頃、長崎に原爆が落とされたという知らせを上官から聞かされた。

第二次大戦に振り回された青春時代は壮絶だが、終戦翌年の春に帰国したとき、涙を流して無事を喜んでくれたのは父親だったという。

「父親はずっと拝んできた〈御前様〉に助けられたと、本気でそう思っとったんですよ」

戦後は漁船員として四十八歳で船を降りるまで、対馬沖や三陸沖など洋上の生活を続けた。オラショを覚えたのも船の上。そして父親と同じように自然に、地元の垣内でオヤジ役も引き受けた。だから、信仰生活が本格化したのは、戦後のことになる。

前述の「テンペシャ」の話にはさらに続きがあった。

「戦後のあるとき、私のおばさんが長患いの病にあって、病院に行っても、薬を飲んでも、祈祷師さんにお願いしても全然治らんかった。それで、〈お道具あて〉しておくれよ、というんです」

「お道具あて」とは「テンペシャ」を身体にあてる、ということらしい。

「御誦人がごめさ（オラショ）をしている前で、〈テンペシャ〉を手にした私は、着込んだ着物から右肩を出して、おばさんには横向きに寝てもらうんですたい。私が頭から肩、背中、足の先まで叩いていって……と三回繰り返す。そうしてしばらくしたら、おばさんはもう、病気もなくなって歩いて回れるようになりました。

こうした〝まじない〟というのですかね。あれをしたのは、そうですねェ、私が五十過ぎの頃、それが最後だったろうと思います」

一九七〇年代後半までは、そうした習俗があったとする証言である。

「上がり様」を前にした「悲しみ」の季節につくった「聖具」で病魔を祓《はら》う。

現代のカトリックとは表面上は違っているが、この季節が四旬節と同様に〝神の聖なる力〟に近づく時期として位置づけられているところは同じだ。

ただ、キリスト教の救済は来世のことである。信心具が現世の病気治療に効果があるというのは、現代のキリスト教の信徒からすると、何か引っかかるのはたしかだ。

さらには来世の救済のことだとしても、全知全能の神の「計画」は神のみぞ知る。人間の自由意志に基づく行為によって神の計画が変更されることは、ないはずだ。

いや、そうした疑問が浮かぶのは、私が人間の自由意志による救済を認めないプロテスタントの教えを受けているからでは——。

だんだん頭が混乱してきた。神父への告解などの秘蹟《ひせき》を通じて罪が許されるカトリックの場合、人間が自らの意思で「善行」を積むことの功徳を前向きに捉える余地がある（かつてカトリックは免罪符を買う、という教会への奉仕は信徒の功徳になると考えたが、それを批判したのが宗教改革者ルターだ）。

いずれにしても、私の知っている「神様」と、生月島の信仰の「神様」の間には、感覚的に大きな違いがあった。大雑把にいえば神と人との距離感のようなものだ。生月の神様は、人間との心理的な距離がずっと〝近いところ〟に、棲んでいる。

夢のお告げ

こうした〝神様との近さ〟を感じさせるエピソードを、私は別の人物からも聞かされた。島北部の壱部地区種子《しゅうじ》・大久保のオヤジ役で漁師の川崎雅市《かわさきまさいち》さん（六十七歳）である。川崎さんの父親の森市《もりいち》さんは、昭和末年に亡くなっている。

代々熱心な信徒で、川崎さん宅も津元として「聖母子像」のお掛け絵が自宅に掛かっていた。お掛け絵が古びてくると絵師に描き直してもらう。その行為を「お洗濯《せんたく》」という。

「お掛け絵というのはかつて、ふだんはきれいに巻いて仕舞っていたもの。行事があるときに、改めて出すものでした。

父は召集され出征する前にお神様を出して『自分がもし無事に帰ってきたら〈お洗濯〉をします』と約束をして、戦地に向かったんです。フィリピン、南方へと回されるのですが、しばらくして体調を崩して帰国を命じられる。大した病気でもなかったから、余計に本人は『神様に助けられた』といっていました」

戦死を免れた事実を単なる「幸運」とは片付けないで神様の思し召しと捉えた。それだけならカトリックやプロテスタントのキリスト教徒にだって、ありうる逸話かもしれない。「神」を「仏」に入れ替えてもいい。要するに、信心深い日本人である。

ただ、その先の話に耳を傾けていると、独特の〝神秘〟で溢れているのだ。

森市さんは、帰国して、全国に飛び出した。

「その後ね、父は、千葉の成田山や京都水天宮などあちこちをお参りしたんだそうです。そして京都の清水寺で滝に打たれていると、ある女性から『神様からあなたに導きがあるでしょう』といわれた。その女性が去ってしまってから、彼女の名前を訊くのを忘れた、と残念がった……そういうことを、後に日記に書き残しとる」

——私は、胸の高鳴りを感じていた。森市さんが接した「神様」が私の脇をすっと通り越して、一瞬、肌が触れ合ったかのような錯覚を起こしたからだ。おかしなことを書いていると思う。しかしそんな〝変な気持ち〟になっていた。

あえて記しておくと、息子である雅市さんは朴訥《ぼくとつ》な人で、とても誠実に話している。照れるところも、驚かすようなところもなく、淡々とした口調で事実だけを話している。

父親の神秘譚《しんぴたん》は続いた。出征前、御前様と交わした「お洗濯」の約束の後日談である。

「生月に戻った父が約束通り、御前様を描き直そうと考えていたときのことです。父の夢に、マリア様が出てきたそうです。そして絵に描くべき姿について〈紫の着物に梅の花びらがあり、月と太陽の上にいる〉と告げた。しかもその夢が一週間毎晩続いたと。驚いた父はその姿を絵師に伝えて描いてもらったそうですよ」

また何かが触れた——。そんな気がして肌が粟立った。

「お告げ」の通りの幽玄な聖母子のお掛け絵が一対、取材している私の目の前にある。

「うちのお神様は、姉妹なんですよ。向かって左側がお姉さんで、右側が妹になる。二枚が姉妹という意味についてははっきりしたことはわかりませんがね、そう聞いております」

私が要領を得ないでいると、「島の館」の中園成生学芸員が補足してくれた。

「〝妹のマリア様〟の方は川崎さんの家が永代津元を務める種子というゴッシャ（津元のこと）の御前様で、〝姉のマリア様〟は、昭和三十年代半ばまで大久保という別に独立した津元の御前様でした。大久保のオヤジ役様が島外に引っ越されるということで、こちらに合流され、御前様も一緒の津元でお祀りするようになったということです」

お神様は姉妹、と伝えられている起源は、絵師が同一だったということなのだろうか。

加えていえば、このお掛け絵には〝同居人〟がいる。向かって右隣には神棚が、左隣には御大師様（弘法大師）と仏壇が並んでいる。

神様はあからさまに〝同居〟している。

しかもその神様すべてに川崎さんは深い信心を注いでいる、と感じた。それぞれの祭壇は立派なもので、どれも派手ではないが品があり、値打ちを感じさせるものだった。並んだ高さもきれいに揃えられている。いくつもの疑問が湧いてきた。

「それぞれの神様の信仰はぶつからないんですか」と、喉元まで出かかったが、やめた。

「一神教であるはずのキリスト教と日本の神仏は矛盾しないのか」というような趣旨の疑問だったが、どう訊いたらよいのか、口ごもるばかりできちんとした質問にならなかった。

信徒たちにとって簡単な問いではないはずなのだ。第一、私はペーパークリスチャンのくせに、口にした途端、その質問自体がまるで、カトリックの聖職者みたいな目線になる。

時計はもう、辞去するつもりだった時刻を三十分も過ぎていた。

礼をいい路地に出ると、あたりはもうすっかり夕闇に包まれていた。

街灯はなく、灯りのついている隣家までは路地から坂に出て、一〇〇メートルは下る必要がありそうだ。坂に出て顔を上げると、斜面と向き合った正面に、あのふたこぶラクダの中江ノ島がぽっかりと浮かんでいる。

早稲の穂がザワワと鳴った。

月光に照らされたラクダが、じっとこちらに視線を向けているように見えた。

昭和のはじめ、この生月の信仰の全容を明らかにしようと、初めて正面から向き合った研究者がいた。断られても諦めない無尽の好奇心を持ち合わせていて、それでいて信徒への〝敬意〟を失わない。信徒たちは次第に、その内奥を晒《さら》け出していくことになる。

〝先駆者〟の警告

昭和初期、かくれキリシタンの生活に分け入り、学問的見地からその実態を〝発見〟した開拓者は、歴史学者の田北耕也《たきたこうや》（南山大学教授、一八九六年〜一九九四年）である。

一九五四年に刊行された田北の代表作『昭和時代の潜伏キリシタン』は、長崎のキリシタン集落を徹底的にフィールドワークした記録で、全五〇〇ページに及ぶ大著だ。学術書として評価が高いだけでなく、この知られざる世界をかき分けていく「冒険記」としても抜群に面白い。論文らしからぬその文体には独特のリズムがあるのだ。

田北はよく歩いた。長崎県（五島、平戸、西彼杵《にしそのぎ》半島の外海《そとめ》地方）の二市三町二十一か村九十七集落と天草の一集落という、キリシタンの集落をことごとく踏破した。

生月島には一九三〇年（昭和五年）から最初の三年間だけで七度にわたって足を運んで、信仰のありのままを数多く撮影し、オラショを録音した。遺物や習俗や言い伝えを一つずつ拾い集め、信仰の体系を整理していった。

のちに遠藤周作が『沈黙』で転用することになる「参ろうやなパライゾの寺に参ろうやな」の哀歌も、この時期に山田地区で友人付き合いを許された信徒から、聞かせてもらったものだという。田北は後に、雑誌に寄せたエッセイでそう明らかにしている。

『昭和時代の潜伏キリシタン』の作中、初めて「御前様」を見せてもらうに至る場面の記述は、まるで映画の「インディ・ジョーンズ」シリーズの一場面のような緊張感に満ちている。

「台所の暗い一隅に餅と蠟燭とを供えた棚があるが、それは普通の仏壇、その左手に板戸があって、それを引きあけると真暗な納戸である。納戸神の正体は神か仏かと、首さしのべて敷居をまたぐと、思いがけない方向から『こっちですバエ』と声がして身体は九十度、頭は百八十度の廻転を命ぜられた。注意して居た棚とは反対の側、戸をあけても外からは見えない所に、仏壇より幾倍か大きい三段作りの祭壇が、三本の蠟燭に照らされている。正面はキリストを抱いたマリヤの稚拙な絵が一双、その下に霊水の入った徳利が二つと縄を束ねた房状のもの（修行者の苦行の鞭）が安置され、最下段には膳に組まれた飯と魚が賽銭と供に載っている」（『昭和時代の潜伏キリシタン』）

田北は、「机上の学問よりも直接研究の対象にぶつかるを賢明なりと考える」という思想の持ち主だった。

当時は珍しかったカメラで島民の運動会を撮影するなど、地道に信頼を得ながら、秘事を明かしてもらうため、信徒とは「（調査結果を）みだりに発表しない」という約束を交わした。『昭和時代の潜伏キリシタン』の発刊は調査開始から二十六年も経ってからのこととなった。こうした人柄は死後、信徒から「かくれの信仰を世に開放した恩人」（旧生月町長の故・石田安一氏）と偲《しの》ばれた。

自らもプロテスタントからカトリックに改宗した求道《ぐどう》の人だったが、教条的な考え方は取らなかった。島民たちの信仰形態に、カトリックとの紐付けが明確にならない内容が含まれることを認めた上で、田北はこう書いた。

「生月の如く熱心なキリシタン島主の下に半世紀に亘って高度の信仰生活をつづけた所では、一部分は之が変形して継続されたとしても不思議ではない。変形は潜伏の為であるから日本の祭に近づけることが賢明であり、又そうした意識的変更がなくとも教師なき後の行事が、長年の間に日本民俗的な変形を受けることも自然である」

一方で、潜伏を前提にした信仰は時代にマッチせず長続きするはずがない、とも見ていた。離島で秘匿されてきたがゆえに保たれてきた神秘性も信仰の知識も、新聞記者や研究者によって光をあてられていくと、薄れていくに違いない、と。

ところが、戦後の段階になっても、カトリックに立ち返った子孫はたった四十戸に過ぎなかった。島の人口は明治末年の五〇〇〇人から一万人へ倍増したのに、カトリック信者の数はさして変わらなかった。ほかの地域ではカトリックとの結婚を通じて改宗者も増えたが、生月は違っていた。

田北は考え方を改める。カトリック系の雑誌にこう寄稿した。

「教理を解き理論で押すだけではいけないので、教え込むことよりも、三〇〇年持久の苦心をこちらが学び取ることが先でなければならぬ。(そうすれば) 同情はもちろん、感謝、尊敬の気持ちさえ起きてくる」(「サンジュアンさまの歌」『声』一九五一年十一月号)

カトリック教会が〝上からの目線〟でかくれキリシタンに教義を説くのでは、反発を招くばかりで改宗にはつながらない、という警告であった。

二度、そして三度目と足を運んで私に見えたのは、生月のかくれキリシタン信仰には、口伝によって伝えられたオラショと行事のかたちがあったこと。それは現代のカトリックとは違っているが、私には独特の生命力を持っているように見えた。

ただ、それにもかかわらず、彼らの生活とともにある殉教聖地が大切に扱われてきたようには見えなかった——。

その背景には一体何があるのだろうか。田北の登場後、幾筋もの〝外からの目線〟が生月に注がれた。その中に微妙に鋭い一筋が差していることに気がついたのは、最初の取材の後、東京に戻ってからのことだった。

第四章

「かくれキリシタン」か「カクレキリシタン」か

「カクレキリシタン」

生月にまつわる研究の第一人者は「かくれキリシタン」の名称を、〝カタカナ表記〟に改めるべきだという主張を展開していた。この奇妙な呼称が、現在、生月島に向けられた〝目線〟を理解する上でカギになってくる。

「隠れていないし、キリシタンでもない」というのだ――。

生月島から東京に戻ると、書店や古書サイトで研究書を探す、ということを繰り返した。

その途中、「おや？」と思わされることがあった。二〇〇二年に編纂《へんさん》された『岩波キリスト教辞典』の「隠れキリシタン」の項を読んだときのことだ。

「隠れキリシタンの語は、これまで一般に江戸時代の潜伏キリシタンと明治以降も習俗として残るカクレキリシタンを共にさして使用されてきた。しかし、以下では隠さねばならなかった潜伏キリシタンと、もはや隠す必要のないカクレキリシタンとは、時代的またその信仰の質的差異ゆえに、明確に区別して扱うことにする」（傍点筆者）

この項の執筆者は、宮崎賢太郎・長崎純心大学教授である（二〇一五年に退官し、現在は客員教授）。東大大学院在学中から三十年以上にわたって生月島をはじめとしたかくれキリシタン研究に携わってきた、第一人者である。

ちなみに長崎純心大学は日本人初の司教になる早坂久之助が一九三四年に設立した「長崎純心聖母会」を母体としており、長崎のキリシタン研究の拠点として知られる。『岩波キリスト教辞典』で宮崎教授は「かくれ（隠れ）キリシタン」を次の二つの種類に明確に分けるべきだ、と提言していた。

「潜伏キリシタン」（江戸期）
「カクレキリシタン」（明治期以降）

まず「潜伏キリシタン」の方の定義はこうだ。

「一六四四年、最後の在日宣教師小西マンショが殉教し、指導者不在のもとで幕末まで約二三〇年間にわたり信徒だけで信仰を継承した」

「徹底的な幕府の禁教政策によって、純粋なキリスト教信仰を保持することはできず、在来の伝統的諸宗教との習合は不可避であった」

日本の〝神仏信仰〟と結びついたことで〝純粋なキリスト教〟からすると〝劣化し

た宗教〟になってしまっているという記述だ。

では次に「カクレキリシタン」と表記する明治以降の信仰の定義はどうだろう。

「土着化の過程で本来のキリスト教から大きく変容し、日本の伝統的諸信心と渾然一体となった民俗宗教を形成している」

江戸期はやむなくくっついたという程度だったのに、習合が進み、神仏とほとんど一体となってしまって、もはやキリスト教とは全く別物の何かになっている、というのだ。

「純粋なキリスト教」から「土着化した民俗宗教」へ——江戸期は〝少し習合しただけ〟だったのに、明治期以降になると〝すっかり一体〟という趣旨の記述がなされている。そこには明確な「質的差異」があるという説明である。

たしかに、生月の信徒が口伝していた祈りには、私がこれまで見知ったキリスト教とは違う何かが射していた。一方、共通したレトリックやキーフレーズを基調にしてもいた。

では、江戸期から明治に至る過程の中で、いつ起きたどのような変化が「質的差異」と認められるのだろうか。この点に注意して読み直すと、「史料の欠落により、潜伏時代の信仰内容の変遷を明らかにするのは困難である」とあって、具体的に書いていない。

ただ、この二つを時間軸で分ける〝転換点〟だけははっきりしている。一八六五年（元治二年）の「ある出来事」である。

「開国後、一八六五年に創建された大浦天主堂において浦上の潜伏キリシタンの一団とプティジャン神父（筆者注・パリ外国宣教会の司祭）が再会し、長崎県下一円、天草島、福岡県久留米周辺の潜伏キリシタンたちがその指導下に入った。これをキリシタン復活という。その後、最後の大弾圧である浦上崩れを経て、カトリック教会に復帰した復活キリシタンと、戻ることのなかったカクレキリシタンとに分かれた」

復活者の目線

宮崎教授が「カトリック」と「カクレキリシタン」を分けた転換点とする一八六五年の「キリシタン復活」と、その二年後、明治政府が実行した大規模摘発事件である「浦上四番崩れ」については確認しておきたい。「四番崩れ」は幕末から数えて四回目の検挙という意味である。

まず、「キリシタン復活」とは何なのか。

純心女子短期大学の副学長だった片岡弥吉の『長崎のキリシタン』によると、大浦天主堂献堂式から一か月後の一八六五年の三月十七日金曜日、〝フランス寺見学〟に郊外の浦上村から十五人ほどの農民の一行が訪れた。その一人、五十三歳の産婆の女性が、パリ外国宣教会のベルナール・プチジャン神父に近づいた。神父は翌年に日本代牧司教に任命され、日本の近代カトリック教会の祖となる人物である。

女性は耳元でいった。

「ワレラノムネ、アナタノムネトオナジ」

女性たちはかくれキリシタンだった。宣教師不在の二五〇年の間も、信仰を続けた日本人が実在したことをバチカンが知った瞬間である。

「私たちは浦上のものでござります。浦上のものは皆同じ心でござります。サンタマリアのご像は、どこ?」

日本のカトリックから「キリシタン復活」と呼ばれているこの〝奇跡〟は、ローマ・カトリック教会では「信徒発見」と呼ばれる。

二〇一五年三月十七日には「信徒発見一五〇年」の節目の特別のミサが執り行われ、ローマ教皇フランシスコから特使を任じられたオルランド・ベルトラン・ケヴェド枢《すう》機卿《ききょう》（教皇の最高顧問）がわざわざ来日して祝福を述べている。

日本のカトリックだけでなく、バチカンにとっても歴史に残る慶事だった。

そして、この奇跡とセットで語られるのがその二年後に勃発《ぼっぱつ》する「浦上四番崩れ」という摘発事件だ。この時期は、居留する外国人に信教の自由が認められただけで、民衆への禁教令は続いていた。維新政府も、五榜《ごぼう》の掲示によって禁教を継いだ。

幕末に長崎奉行によって検挙された浦上村の信徒の計三三九四人が、明治政府の手によって西日本の二十の藩に分けて流配に処され、拷問を受け、約六〇〇人が死んだ。これが外交問題に発展して、ようやく外圧に押し切られた政府は一八七三年（明治六年）、禁教の高札を撤去するのだ。

前出の片岡は、『日本キリシタン殉教史』や『踏絵』など長崎のキリシタン研究の礎《いしずえ》となる業績を残した人物で、この一村総流罪についても『浦上四番崩れ』という記録の書を残している（娘にあたる片岡千鶴子・前長崎純心大学学長も史学者で、世界遺産の推薦内容を精査する長崎県の世界遺産学術会議の委員であった）。

その因縁は深い。じつは片岡の父は、「浦上四番崩れ」で土佐の牢獄にいた。また母方の祖父母は紀州和歌山藩に送られ、布団も灯りもない馬小屋に収容された。祖母に聞き書きした記録が、長崎純心大学博物館に所蔵されている。

「死人があると、アニマの祓い（洗礼用のヴェール）をかけてやりましたが、すぐシラミがたかって白い被いがまっ黒に見えました。（中略）ご飯は赤米のおかゆにおかずは梅干し一つでありましたから、皆の者が便所にいって、かがんだらもう立つことができず、まぐれる（気絶する）こともたびたびありました。そんなとき『水をください』と言っても『水はない』と言ってもらえませんでした。改心（棄教）した人が外に働いていましたから、その人たちに『内緒で水を入れてください』と頼んでも、入れてくれません。病人は『水、水』と言いつつ死ぬありさまでした」

過酷な状況下で信仰を守り通した体験はすさまじい。そばにいる肉親からその体験談を聞かされながら育った片岡が、深いカトリック信仰を秘めていたことは想像に難くない。

その片岡は明治以降、復活をしなかったかくれキリシタンの信仰のことを「非常に変容した信仰」と見ていた（『かくれキリシタン』）。

さらに、「非常に変容した信仰」に対して、「カクレキリシタン」という名称を〝発明〟したのが、宮崎賢太郎教授である。じつは、宮崎教授も「父方が長崎県の外海の、母方が浦上の復活キリシタンの血につながるキリシタンの末裔の一人」だった（『カクレキリシタンの実像』）。

学問的な分類に「一八六五年、キリシタン復活」という境界で線を引く説の主唱者が、いずれも、この時に復活を選んだ者の系譜にあるという点は見逃せなかった。

最後の迫害が悲惨であるほど、それでも信仰を守り抜いてなし遂げた復活の〝奇跡〟は「宗教的な正義」の色彩を帯びて当然だ。だが宗教と別であるはずの学問の分析ツールに〝かくあるべき〟という正義を採用すれば、研究は微妙な偏りを生じる危険がある。

「離れ」

「カクレキリシタン」という定義の提案理由を宮崎教授はこう記している。

「生きるために仏教徒であることを受け入れざるをえなかった江戸時代の信徒と、その必要がなくなったにもかかわらず、仏教や神道との関係を維持し続けている、明治以降、現在にいたる信徒とは、質的にも時代的にも異なっており、別の名称によって区別することが適切である」（『カクレキリシタン』）

著作を通じて強調されているのは、二つの点だ。

「もう隠れていない」

「純粋なキリスト教でない」

禁教が解かれ、もう信仰を隠していない。隠れる必要がないのに「隠れ」とは呼べないから、カタカナを用いることで「隠れ」という言葉の意味を失わせる。さらに「多神教的な宗教になっている」ことを理由に「純粋なキリスト教ではない」と言い切る。

生月島の津元で「御前様」「弘法大師」「仏壇」「神棚」が並んでいる光景である。「キリスト教ではなく民俗宗教」という説明は客観的なようでいて、カトリックの研究者がその言葉を放つと響きが違って聞こえる。「形而上学的《けいじじょうがく》で高尚《こうしょう》な教義」を持つ宗教だったはずが、弾圧の中で「教義」がこぼれ落ち、「別の何か」に堕ちた――「近代」から「前近代」を睥睨《へいげい》するような視線の「きつさ」がある。

こうしたことを意識してか、かつて田北耕也は、カトリックから見た呼称のあり方について次のように書いて、特別の配慮をするよう注意を促していた。

「現在の潜伏キリシタンはカトリク信者から〈はなれ〉と呼ばれている。しかしヨーロッパのキリスト教史における東方諸教会や英国教会のごとく、自らローマ教会から離れたのでなく、徳川政権によって強制的に〈離され〉たのである。いかに離されても離されまいと、ローマの教会にかじりついていた」（『昭和時代の潜伏キリシタン』）

とはいえ、決定的な代案があったわけではない。「潜伏キリシタン」という言い方も、潜伏を続けているキリシタンをいう場合には不適当だと断った上で、「呼ぶべき名のないのが潜伏の潜伏たるゆえんであるが、強いて求むれば、自然に生れ出た名がないでもなく、（中略）平戸・生月地方の『納戸神』を中心としているところでは、〈ふるキリシタン〉という呼称が行われて」いる、と補っている。

明治にやってきたカトリックを「新キリシタン」とし、それに対して生月周辺の信徒は自分たちを「ふるキリシタン」と規定したという。古くからの伝統を受け継いできたもの、という感覚だったようだ。

ただ西欧のキリスト教に関しては宗教改革後に分かれたプロテスタントのことをしばしば「新教」と表現することがあり、これに対してカトリックが「旧教」になるから、呼称としてはよりややこしい（田北は後年、「現存キリシタン」という表現も使ったが、一般に普及はしなかった）。

――もやもやした気持ちで、生月島の「島の館」の中園成生学芸員に電話をかけた。次の取材の相談をしながら宮崎教授の定義について質問をすると、一呼吸して答えた。

「宮崎先生たちの主張について私たちは〈禁教期変容論〉と呼んで問題を指摘しているのですが、なかなか自説を曲げようとなさらない」

まさしくこの点が、論争になっていたのだ。

古い農具

そしてもう一人、『沈黙』作中で生月の信仰を「得体の知れぬもの」と表現したカトリック作家、遠藤周作の存在は見逃せない。遠藤がかくれキリシタンに向けた〝視線〟は、「弱者の視点に立つ」と表現された作家の姿とは違って見える。

遠藤周作が〝カトリック文学者〟の地位を盤石にするのは一九六六年、四十三歳の年に書き下ろした小説『沈黙』によってである。

クライマックスの場面は劇的だ。

「その時、踏むがいいと銅板のあの人は司祭にむかって言った。踏むがいい。お前の足の痛さをこの私が一番よく知っている。（中略）こうして司祭が踏絵に足をかけた時、朝が来た。鶏が遠くで鳴いた」

鶏の鳴き声は、聖書の「ペテロの否認」のアナロジーである。イエス・キリストの弟子の一人ペテロは師との最後の晩餐《ばんさん》で「お前は明日の鶏が鳴く前に三度私のことを知らないというだろう」と予言され、その通りになった直後、激しく悔いる。神を裏切ったペテロはその後、改めて信仰を固めてローマに教会を建て伝道に励む。

『沈黙』においてロドリゴも切支丹屋敷でまた信仰を捨てることなく立ち返る。それでまた拷問され、立ち返るということを繰り返しながら、老いて死ぬ。

三島由紀夫からは「遠藤氏の最高傑作」と激賞される一方、「棄教の扱いについては作者の解釈に反発する」(丹羽文雄)などという非難をも浴びたことで話題を呼び、カトリック教会への関心にもつながった。バチカンから勲章を授与されたほどだ。

遠藤は信仰のために殉教を選ぶ「強き者」でなく、転び(棄教)を選ぶ「弱き者」の文学としてこの作品を書いた、とのちにエッセイに記している。そんなふうに弾圧が激しい江戸初期の転び者については同情を寄せた遠藤だが、現代にまで続くことになる転び者の末裔に対しては、とげのある表現を残していた。そのことは、あまり知られていない。

前述した通り、作中、遠藤は生月の信仰を「得体の知れぬもの」と表現したが、改めてそのことについて書くことになるのが一九八〇年(昭和五五年)、生月の信徒を写した写真集『かくれ切支丹』の巻頭に寄せた「日本の沼の中で」という二段組、三十六ページにわたる長いエッセイである。言葉の厳しさに、私は驚いてしまった。

「かくれ切支丹は過ぎ去った時代のある残骸にしかすぎぬ。(中略)自分たちだけの秘密組織をつくって表は仏教徒などを装い、仲間うちだけでその暗い信仰を伝えあってきた」

「敵や障碍《しょうがい》がなくなれば秘密組織は必要性を失い力もなくなってしまう。今日の〈かくれ切支丹〉はかくれ切支丹ではなくその抜けがらであり、（中略）一般の人々には古い農具を見る以上の興味もない」

著述は田北、古野、片岡の研究を引用し、学術的にも密度の高い論理で書き進められるが、「古い農具」という比喩《ひゆ》に関しては、群を抜いて厳しい。今や生活に役立ちもしない宗教で、しかもたいした骨董的な価値もない、という意味だろう。

遠藤は布教期以来の時代区分をして見せた上で、弾圧が始まった頃から順を追う。「日本の信徒たちは自分等がうけている迫害をイエスの受難に重ねあわせ、そのイエスに倣おうとした」が、迫害が苛烈化した家康の禁教（一六一四年）以降は、「棄教か殉教かを選ばなければならぬ岐路にたたされ（略）殉教による栄光の獲得が信徒たちに求められた」としている。

そして一六二三年（元和九年）に徳川家光が将軍に就いて以降、信徒として残っている者は毎年行われる踏み絵に応じることが恒例化した。このことによって信徒たちは、「おのれの弱さという屈辱感と劣等観念とを嚙みしめる転び者の信仰を持たざるをえなかった。彼等の信仰はひたすらに神の許しを求める〈後悔と許しの信仰〉に変った」

ここで遠藤が書く「転び者の信仰」とはどういうことか。

禁教期、絵踏みをすることは神を裏切る罪と認識されていた。それでも司祭に罪の告白を聞いてもらえば、許しが与えられた（告解）。背景には、罪を犯してしまう人間を救済するために神はイエスをこの世に遣わし、イエスは罪を背負って十字架にかかって死んで罪を贖《あがな》ってくださった、というキリスト教の教理がある。後悔を告白すれば、神による許しを与えられるのだ。

ただ、禁教期に差しかかり神父が不在になれば、「告解」の機会はなくなる。

さらに毎年、踏み絵に足をかけて世代を重ねていくうちに、この後悔の意識さえ薄

作家・遠藤周作が生月島の人々に向けた目線には、意外な冷たさがあった
（写真　共同通信）

れ、「許し」がイエスの死によって罪が贖われて実現するものだという教理がすっかり抜け落ちる。「イエスの受難の意味を忘却した信仰」、つまりキリスト教とは〝似ても似つかぬもの〟になり変わったとみるのだ。

「転び者の子孫」にとって「許しの根拠とも言うべきイエスの死の秘義は遠くに追いやられ、そのかわり彼等は母なるもの——聖母マリアに自分たちの許しを乞うようになった」とも書き記している。

それが生月の聖母マリアのお掛け絵である、というのが遠藤の見立てだ。

私は、これが「弱者の視点に立つ」という作家の文章なのか、と力が抜けてしまった。

実際、「罰する神」でなく「許す神」という母性的な信仰のイメージは、『沈黙』以降、遠藤周作の作品群でたびたびモチーフとなっている。ただそれはあくまで日本人にとってキリスト教とはどのようなものか、という宗教論を考える上での補助線のようなもので、現在に生きるかくれキリシタン信徒という少数者への共感はほとんど見えてこない。

この本を、私は長崎県内の古書店から取り寄せて読んだ。エッセイには、この本の以前の持ち主によって所どころにラインが引いてあり、最終ページの余白に次のように書き殴られていた。

「周作の思想のかくれキリシタンへの押しつけ。周作の思想がまずあって、その思想で、キリシタンを裁判している」

遠藤は、生月島の信徒と向き合って、会話を交わし、耳を傾けたのだろうか。

遠藤は『沈黙』創作の前と後、少なくとも二度、平戸の港から船を出し、生月島の信徒が信仰する殉教聖地、中江ノ島に足を踏み入れている。そのことは後年のエッセイ集（『走馬灯』）に書いているが、実際に生月の信徒と面会したことがわかる記述は見当たらない。かくれキリシタン信徒で、研究者との窓口役を長く務めた元町長・石田安一氏に直接ヒアリングをした「島の館」の中園成生学芸員も、「遠藤周作が島の信者さんに接触した形跡は確認できていません」と話していた。

宮崎教授の「カクレキリシタン」の定義や遠藤の「古い農具」という表現。それらが、何か一部の真実を含んでいたとしても、生月の信徒が持つ「惹きつける力」が何なのか、彼ら自身がどう思っているのか、何一つ語られていない。そこが、私には気になった。

生月の人々が守り続けてきた信仰から、現代の私たちが汲《く》み取れる何かがあるはずだ。

しかも、時間はそれほど、残されていない。信徒たちの話を聞いていると、「かくれキリシタン」の信仰が、風前の灯火《ともしび》のような状況に置かれていることもわかってきたからだ。

断絶する「お授け」

「長続きするはずがない」という田北耕也の七十年前の予言はあたるかもしれない。徳川幕府よりも長く命脈を保った生月の信仰は、牧歌的な顔をしてやってきた一九六四年（昭和三九年）の東京五輪の時代にあっさりと生命線を断ち切られていた。

かつて、東京と佐世保《させぼ》をつないだ「さくら」という寝台列車があった。二十六年前の三月の夜、下りのブルートレインに、京都駅から三人の女性が乗り込んでいた。寝台車の四つあるベッドの一つに、十七歳の娘が苦しげに横になっている。娘は京都で原因不明の病に襲われ、医師から「膠原病《こうげんびょう》という不治の病なので空気のきれいなところに帰って静養した方がいい」と宣告されている。故郷は生月島だ。京都のバス会社にガイドとして就職してわずか二日、高熱を発して倒れた。寮監が京都中の国立病院や大学病院を引き回してくれたが、手の施しようがなく、娘の意識は遠のいていった。故郷から駆けつけた母と姉の必死の看病の下、帰郷の道についたのである。

神戸で乗り込んできた五十過ぎの女性が、残り一つのベッドの予約者だった。

この重苦しい旅の家族に、奇跡が起きた。

「私は除霊ができるのです。これも何かの縁だから施《ほどこ》して差し上げる」

女性が何か猛烈な祈りを始めると、顔といい腕といい、娘の身体中から突如ぶつぶつと発疹《ほっしん》が現れた。顔は明治生まれの年寄りかと見紛うほどに変形した。だがその代わりに意識が戻り、やっと水が喉を通る状態を取り戻した。

女性は岡山駅で降りていったが、名前も聞きそびれた。

佐世保中央病院に入院して数日、「膠原病」だったはずが、単なる「麻疹《はしか》」と診断された。何が起きたのか、本人はもちろん京都の病院から病名を伝えられていた医師も、狐につままれたような顔をしている。

娘は身体の腫れがひくまで数週間入院した。病院で見たニュースといえば、佐世保ではハウステンボスがオープンし、東京では尾崎豊が変死体で見つかったことだった。

――この体験談を聞かせてくれたその女性は、四十三歳になっていた島北部の壱部地区の山下伸代《のぶよ》さんである。市立生月町博物館「島の館」で働く、語り部の一人だ。

「私は、生月の家を離れるとうまくいかないんです」

島と人が〝運命の赤い糸〟で結ばれているようなこのエピソードは、一度耳にしただけで、印象深く私の心に刻まれた。この生月の信仰そのものも、同じことだよなと妙に納得したからだ。信仰が続けられる根本的な条件の一つが、物理的にこの島にいることと無関係ではないはずだ。なにしろ中江ノ島の聖水で「お授け」と呼ばれる洗礼を行ってきたというのだから。

そう思っていただけに、「〈お授け〉、つまり洗礼を受けられているんですよね」という問いに対する答えは衝撃的だった。

「私の時代には、もう、〈お授け〉はやってないんです」

東京五輪の年

伸代さんは両親ともにかくれキリシタンの家庭の生まれと聞いた。「団塊ジュニア世代」でも、「お授け」の風習は失われているという答えに、少なからずショックを受けた。だが、これは、生月の信仰を衰えさせていった戦後の潮流の最初の段階に過ぎなかった——。

「お授け」は、カトリックの洗礼にあたる重要な儀式だ。カトリックの場合、神父が受洗者の頭に聖水を滴らして祈りを捧げ、信徒としての生活を始める。

生月の信仰の場合、水は中江ノ島で採った水が用いられてきた。

「洗礼を受ける一週間前に依頼にくる。その知らせを受ければ、じいさんは牛を使い肥桶を扱うことができない。（中略）じいさんはお授けの朝、どんなに雪が降っても水をかぶる。また孫を背負ったりからかったりしてもいけない。大小便をかけられるおそれがあるからである」（古野清人『隠れキリシタン』）

生月のキリシタンは、新たな布教は行わない。基本的には信徒の家庭で受け継がれ、長年、各家庭に生まれた子供に授けられる独特の聖水の儀式によって、信仰は連綿と受け継がれてきた。

逆に家庭で「お授け」をしなくなれば、もはや家族を通じた信仰の伝承は先細っていくしかない。しかもそれが長年常態化していた。当時、信徒にとっても大きな決断だったようだ。

仲代さんは言う。

「四人きょうだいの長姉が三歳になった頃、両親は〈お授け〉の相談を周囲に始めたそうです。ところが、親戚一同から止められた。死ぬときに戻せなくなって、さまよってしまうというのです」

「お授け」を受けた人には、亡くなった際に「お戻し」（「戻し方」とも）という、魂を抜いて天国に送る儀式が施されてきた。オジ役（地区によりオヤジ役）が聖水を用いるから、様式も厳格に定められている。

こうしたしきたりが、どうしてできなくなるというのか。

「それ以前から、集団就職とかで都会に出て行く子たちがかなりいたんです。順番的に親は先に死ぬから、都会で結婚した子供が将来に臨終を迎えるとき、信仰も先細って、もう〈お戻し〉をしてあげられる人がいなくなっているのではないか、ということを心配したそうです。親たちは皆悩んで、〈お授け〉を諦めた。女の子が生まれた場合はとくに、よそで縁づいてしまうと、田舎に残りませんからね」

両親を悩ませた長姉は伸代さんの十歳年上、東京オリンピックが開催された一九六四年（昭和三九年）生まれだった。この頃にはもう「お授け」をやめていたというのである。

四〇〇年を超えて、弾圧も凌《しの》いできたかくれキリシタンのバトンリレーは、高度成長真っ盛りの時期に曲がり角に直面していた。

この選択の破壊力は大きかったに違いない。人生儀礼を経ない信仰は、生活の上で特別な位置づけを失い、仕事か行事かと等価に比較されるようになる。

そして第二段階、時代が昭和から平成へと変わっていく時期に、次の節目を迎える。

「オヤジ役はやりたくない」

信仰が人生で特別な存在でなくなると、時間を費やす事柄として優先順位は下がり、仕事や家庭生活のために後回しになる。信徒の時間をめぐって、「行事」と「仕事」は正面からぶつかる関係になった。

元触地区辻の元オヤジ役・谷山久己さんが、十九年前、後継者を決める日のことを語った。

「選ばれることはその家庭にとってとても名誉なことだったはずなんです。私の若い頃に役が回ることが決まったら、母は喜んで家中の神様に報告していた。でも〈その日〉にはもう、誰からも手は挙がらなくなっていた」

元触では、「オヤジ役」は自宅で御前様を祀っている。毎日の祈りはもちろんだが、神父役として儀式の聖職者役をも担うため、負担も軽くない。

前述のように、御前様を受け持つということになれば、お掛け絵（聖画）だけでなく、これを祀ったタンス丸ごとの移動となる。間取りに合わなかったため、大工さんに改造してもらう家もあった。

また神父役として聖なる儀式を司る立場上、大事な行事や「お授け」、「戻し方」の前には裸で水をかぶり、身を清める。その洗面器は生活で使うものとは別に用意し、下着やタオルも不浄を嫌って別にする。洗濯機で一緒には洗えないから、手洗いするためのタライもあった。オヤジ役が世襲だった壱部地区では、洗濯機を家族とは別に用意し、物干し竿まで別にしていた例もあった。

後継者が決まらなければ、御神体の行き場所がなくなる。当然、津元の行事も難しくなる。谷山さんの「次のオヤジ役」はくじで決まったが、「次の次」は最後まで引き受け手は現れず、二〇〇三年二月を最後に、辻津元を廃止することが決まった。

「このあたりは農家で稲作が終わる農閑期には、平戸や大分などの造り酒屋とか港湾建設業に出稼ぎに出る人が多いんです。とくに戦後復興でそうした会社の仕事が忙しくなってくると、会社を休んで津元や小組の役目を果たすことができないでしょう」

信仰に対して不真面目になったわけではない。生活と向き合えばこそ信仰が負担になる、というジレンマがある。

「進学や塾通いの子供を抱えると、親は現金収入も要るから背に腹はかえられない」

次第に「手間も金もかかる宗教」という見方も強まる。「オヤジ役」は日曜日ごとに集まってくる「役中」の信徒をもてなさなければならない。とりわけ「カク様」と呼ばれる妻は早朝から起き出して、まるで、結婚式の披露宴のような「脚付きの御膳」を仕度し、儀式にも和装で立ち会った。とても一人では賄いきれず、親族の女性の手をかき集めて台所を動かしたという。

「妻の同意がなかと、もう手を挙げる人はおらん」と話すのは、元触地区小場の元オヤジ役、田中弘隆さんだった。妻の負担についてこんな例を挙げた。

「組の人が亡くなって、魂抜いてあげるために戻し方にいくオヤジ役は、自宅で〈申し上げ〉（一連のオラショの冒頭の祈りのこと）ばしてから、〈お水〉の瓶を抱いて出て行く。御前様を開けっ放して、お光（ろうそく）をつけたまま出ている間、カク様は、オヤジ役が神聖な仕事を終えて無事に帰ってくるまで、御前様の前でお光をお守りする。一時間ぐらい、ずっと座って何もせず待っておくわけです。容易じゃなかって」

一九七〇年代以降、島の工場や役所に働きに出る女性が増えるに従い、儀式と家庭に不協和音が生じ始めていた。それでも続いたのは、儀式にまつわる数々の「手間」の中核を、戦前生まれの元気な老夫婦が担ってきたからだ。

その老夫婦も高齢化が進み、足腰が弱り始める頃が、本当の危機だった。「昭和」

という時代が終焉《しゅうえん》する一九八〇年代後半、男は長いオラショのために坐り続けられなくなり、女は御膳を運べなくなる。一方、戦後生まれの世代にバトンタッチしようにも、二十年の間に女性が重ねたキャリアは簡単には捨てられないものになっていた。「行事を手伝うなら仕事を休まなければならないし、職場に迷惑がかかる」という葛藤から、別々に住むことを選んだ人もいる。夫婦仲は決して悪くないのに、である。

戦後直後の頃までは、一族や縁者の中から養子をもらうなどして信徒の家庭同士で血縁を保ち、ほころびを防いでいた。ところが時代は変わった。島外から来た妻から見れば、当然この独特の熱量に戸惑うし、「時代遅れ」の目で見られれば、その視線を感じた島民の気力も萎《な》える。戦中派と戦後派で認識は分かれ、時に修復しがたい対立にもなった。

男たちは「役を引き受けたら離婚届を出されそうだった」と異口同音に口にした。それは、経済成長と信仰維持の間に生じた軋《きし》みそのものだったのだろう。

激減する信徒

「脚付きの御膳」に欠かせなかった献立に「刺身」と「酒」がある。興味深いことに、どうやらキリスト教の聖餐式《せいさんしき》が転じたらしい。

キリスト教では信徒が「イエスの肉体」にあたる「パン」と、「イエスの血潮」にあたる「ぶどう酒」を味わって受難を思い起こすが、生月の信仰では「パン」が「魚」に置き換わった。漁師町らしいという以上に「キリストの肉体」という意味では「魚」の方がふさわしい気もした。そう思って私は尋ねるのだが、信徒の方はほとんど結びつけていないし、知識として知っている程度である。

こうした信仰生活の中身を「先祖から受け継いだものを守る」（谷山さん）と愚直に受け止める姿勢は、たしかに潔い。しかしいったんこれを「重荷」と受け止め始めた人にとっては、意義を確かめることをしない儀式は不合理な「陋習《ろうしゅう》」に映っただろう。もちろん、先人も無策ではなかった。第二章で紹介したオラショノートも、そうした〝改革〟の一環だった。

かつて元触地区辻では年間に行事が三十二回、つまり毎月三回はあったが、谷山さんが引き受ける頃には十八にまで絞られていた。それでも月に一、二回は回ってくる。谷山さんが続ける。

「オヤジ役を引き受けやすくするために父親が務めたらその子は役免除という改革もなされたんですが、逆に首を絞めてしまった。候補者は減っていき、ふさわしい年齢に差し掛かる前に信仰から離れる人も出てきてしまったんです」

「津元」解散を決めた最後の信徒の総会では、お掛け絵のための御堂を建てると決めた。

「御前様の御堂とは別に、オヤジ役の装束は狭い御堂でなく、別のところに保管することにしました。家に残っていても、子供たちは扱いに困ってしまうでしょうから。ただ、それを決めるまでに、意見が出ないんですよ。顔を見ると目を背けるというかね。信仰の意識が薄れてきているなあと思いました。真剣だったら意見も出るでしょう」

「正月」、「土用中寄り」、「お誕生」という年に三度の大切な行事の日だけ有志が集まるが、かつての結束した宗団としての面影は薄れた。伝誦の〝インフラ〟だった「結束」そのものが、かくれキリシタンの核になるものだとすれば、その力は、取材している私にとっても拍子抜けするほど弱まっていた。

かくれキリシタン研究の開拓者である田北耕也が明らかにした昭和初年の生月島の津元の数は二十五。ところが最近の研究者のデータを見るとその数は急激な右肩下がりのグラフを描き、一九八五年は二十一津元（宮崎氏）、二〇一七年はじつに四津元（中園氏）にまで落ち込んでいる。

信徒数でいえば田北は昭和初年に一万一〇〇〇人の島民の九割にあたる一万人弱が

潜伏キリシタンとしたが、中園学芸員によると、現在では五六〇〇人の島民のうち信仰になんらかの関係を維持している人は三〇〇人弱と推計されている。
そして第三段階、信仰離れに追い打ちをかけたのは、〝大黒柱〟の喪失だった。

「信仰の人」の死

島北部の壱部地区岳の下《たけんしも》で「オヤジ役」を六十九年もの長きにわたって務めた人物がいる。大岡留一《おおおかとめいち》さんである。岳の下だけでなく、生月島の信仰を代表する人物だったと多くの人が口を揃える。だが残念ながら二〇一〇年五月、九十二歳で亡くなっていた。

第一次大戦中の一九一八年（大正七年）に生まれた大岡さんは、十六歳でオラショを覚え、先代だった祖父の死去に伴い十九歳でオヤジ役に就いた。岳の下では、オヤジ役は世襲制であったため、輪番制などを敷く地区のオヤジ役と比べると突出して長い期間にわたって指導役にいたことになる。七七年から十五年間は神父役のオジ役も兼ねた。

島では知られた有力農家で、町議にも就き、その厳格さと優しさを兼ね備えた人柄は、島の〝頑固親父〟として親しまれた。地元紙の縮刷版に大岡さんの死亡記事があった。

「地域に脈々と続く諸行事を厳格に取り仕切ってきた。一九五二年にはオラショを正しく伝えるため『旧キリスタン御言葉集』を自費出版し信者に配布。研究者にも広く門戸を開き、祭事公開など調査研究への協力も惜しまなかった。二〇〇〇年には、東京国立劇場などであったオラショ公演に参加、かくれキリシタン信仰の存在を世に知らしめた」（長崎新聞二〇一〇年五月二十一日付）

大岡さんの死という〝事件〟は、なんとか持ちこたえていた島の信仰離れに決定的な影響を及ぼしたようだ。大岡さんの跡を継いでオジ役を務めてきた土肥栄さんはいう。

「とにかく熱心に昔ながらのしきたりを守り、オラショばあげた。大岡さんが亡くなる以前から、信仰を続けられないというムードはあった。よその津元でもやっているように壱部のいくつかの津元をまとめて御堂でもつくったらどうだという話もあった。でもこのオヤジさんは『自分は絶対にせん』『自分の目の黒いうちは』と意志を曲げない。

頑張っておったんですが、本人が亡くなって、信者がさらにやめるという雰囲気になって、解散してしもうたわけです」

「博物館は神様の捨て場じゃなかっ！」という大岡さんが放った懇願《こんがん》にも似た怒りの声を耳にしたのは、同じ岳の下に住む前出の山下伸代さんだ。

生月町立博物館「島の館」（生月町は二〇〇五年に合併して平戸市）が開設されたのは一九九五年。消えてしまいかねない習俗を記録・保存するためだが、皮肉なことに「島の館」の存在が解散に拍車をかけた面も否めない。開館してしばらくすると、島の館に御神体が次々と託されるようになった。

「信仰はやめたいが御神体を粗末にするとよくないことが起きる」と逡巡《しゅんじゅん》していた生月の信徒にとっての〝受け皿〟になった。あちらが託すとこちらも託す、という噂が呼び水となり、次第に雪崩《なだれ》を打ったようになったようだ。

〝鉄人〟のような固い信仰をまとった大岡さんだったが、寄る年波には勝てない。晩年、デイサービスに通うことがおぼつかなくなるほど足腰が不自由になると、三時間もの長座を要するオラショは現実的にできなくなった。逝去の数年前、信仰組織の役目ができなくなり、次第に岳の下の津元でも、行事は細っていった。

地元の伸代さんの両親宅のお水瓶の聖水がなくなっていると聞いた大岡さんは、「近々、中江ノ島に水を採りにいくけん」

といっていたが、実現しなかった。

第五章　壊し合いの歴史

二つのパンフレット

禁教が解けてからも「潜伏期」以来の信仰のかたちを守り、その後〝カクレキリシタン〟という蔑称のようなレッテルを貼られた生月の人々の信仰が、存続の危機に瀕している。そして驚くべきことに、今回、〝長崎〟が「世界遺産」リスト入りしても、その危機的状況は何も変わりそうにないのだ。

「政府、推薦取り下げへ」——。

二〇一六年二月四日、世界遺産登録を目指す関係者にとって衝撃が走るニュースだった。その年の夏の登録を目指していた「長崎の教会群とキリスト教関連遺産」について、推薦をいったん取り下げ、構成資産を見直すというものだった。私は当時、さして気にもしていなかったが、ここにきて気になってくる。一体、何が起きていたのだろうか。

取り下げの理由について西日本新聞のこの日の夕刊一面は、半月前に国際記念物遺跡会議（イコモス）の〝指摘〟があったことを報じている。

「関係者によると、キリスト教関連の世界遺産は既に多く、イコモスから一月中旬にあった中間報告では、長崎の教会群が構成する『伝来』『弾圧』『復活』の内容に疑義を示し、弾圧や禁教の歴史に特化した内容への修正を促してきたという」

「伝来」「弾圧」「復活」の内容――それは一五四九年のザビエル来日から、一六一四年の家康の禁教令、そして一八六五年のキリシタン復活を記念した、多くの教会群の建設に至るまでの歴史全体を取り上げた構成資産のことを指す。そこに「普遍的価値」は見当たらない、という指摘である。キリスト教が伝来して教会ができるのは当たり前だからだ。

石造りを基調としたヨーロッパの教会建築は七〇〇年、八〇〇年の歴史を持つものがざらにある。例えば、キリスト教建築を代表するケルン大聖堂（ドイツ・一九九六年登録）は完成こそ一八八〇年だが、十三世紀から六〇〇年以上をかけて建てられた。プラハの代表的なゴシック建築であるヴィート大聖堂は完成が一三四四年で、街並み全体は十世紀から年輪を重ねている（一九九二年登録）。

かつて「日本のローマ」と呼ばれた長崎は、一五六九年（永禄一二年）に最初の教会堂「トードス・オス・サントス」が建てられたのを皮切りに十三もの教会ができた。しかし、徳川幕府が天領でキリスト教を禁じた一六一二年（慶長一七年）以降、次々と取り壊された。このため現存する最古の教会の大浦天主堂ですら一八六五年の建築である。

それでもイコモスは「長崎」の価値を否定はせず、「日本におけるキリスト教コミュニティの特殊性は二世紀以上にわたる禁教期に見いだせる」として、焦点を信仰の潜伏期間に絞るよう、同時に促していた。

長崎県は、禁教期との関連性が薄いとされた「日野江城《ひのえ》」（南島原市）と「田平《たびら》天主堂」（平戸市）を除外し、改めて二〇一六年の七月、「長崎と天草地方の潜伏キリシタン関連遺産」を再推薦した。

日野江城はキリシタン大名・有馬晴信（一五六七年〜一六一二年）の居城で、禁教に至る前の「布教期」の遺産。田平天主堂の方は、一九一八年（大正七年）の建築で禁教の高札撤去（一八七三年）から、四十五年も経過している。いずれも潜伏期との関連性が証明されていない、という判断だった。

そのほかの禁教終結後に建てられた教会堂は、潜伏キリシタンが暮らしたその周辺にある集落と一体とみることで構成資産に残った。

「潜伏期に絞る」ということは、むしろ潜伏期の真の主人公である「かくれキリシタン」へのスポットライトはより強まって当然だろう、という先入観があった。

しかし、長崎県が発行している公式資料を読んでみると、たしかに新たに扱いは変わっているが、予想とは全く逆だった。「生月島」の存在が、消えてしまっているのだ。

序章に記した「二つのパンフレット」の文言を改めて確認しておきたい。

パンフレットはいずれも世界文化遺産登録を目指す長崎県が作成したものだ。一つ目は二〇一四年に作成された「長崎の教会群とキリスト教関連遺産」と題されたもの、二つ目はイコモスからの指摘を受けて、二〇一七年三月に改めて作成された「長崎と天草地方の潜伏キリシタン関連遺産」と題されたそれである。

注目したいのは、「平戸の聖地と集落」について、正反対の記述となっている点だ。

「平戸地方の潜伏キリシタンの子孫の多くは禁教政策が撤廃されてからも、先祖から伝わる独自の信仰習俗を継承していきました。その伝統は、いわゆる〈かくれキリシタン〉によって今なお大切に守られています」（「長崎の教会群とキリスト教関連遺産」、二〇一四年、傍線筆者）

「キリシタンの殉教地を聖地とすることにより、自らのかたちで信仰をひそかに続けた潜伏キリシタンの集落である。（中略、禁教の）解禁後もカトリックに復帰することはなく、禁教期以来の信仰形態を維持し続けたが、現在ではほぼ消滅している」(「長崎と天草地方の潜伏キリシタン関連遺産」、二〇一七年、同)

潜伏キリシタンの「信仰習俗」について、旧パンフレットでは「今なお大切に守られています」だったのが、新しいパンフレットでは「ほぼ消滅している」に変わっている。

もちろん、信徒の数からしても細々としたものには違いない。だが「消滅している」とは、懸命に信仰を続けている信徒がいる現実を無視しているように見える。

しかも、旧パンフレットでは、生月島の信徒が中江ノ島に渡って聖水を採る「お水取り」の際の祈りの写真や、お掛け絵の写真を掲載し、さらには「生月のかくれキリシタン組織」と「禁教令が出される以前の組織」の構造を比較したポンチ絵まで使っていた。図の説明には「二五〇年の弾圧の中でも、組織が受け継がれてきたことを物語る」とある。

しかし、新パンフレットでは、中江ノ島での祈りの写真こそ残っているものの、生月島の信仰の説明はきれいさっぱり外されている。

何かの間違いではないのか――。

私は実際に生月島でオラショを見てきたばかりだっただけに、鼻息が荒くなっていた。

世界遺産には入れられない

長崎は、町角のあちこちに異なる歴史の地層が見え隠れしている。

二〇一七年十二月まで長崎県庁があった坂の上は一六〇一年（慶長六年）、当時、長崎最大の教会だった「被昇天の聖母の教会」が建設された場所だ。イエズス会本部として司教座が置かれた。禁教が始まると取り締まりを司る長崎奉行所につくり替えられる。

私の目的地である「長崎県世界遺産登録推進課」は、県庁が建つ丘から緩やかな坂を海に向かって降りた先の雑居ビルの七階に入っていた。このビルの家主の会社の名前を検索してみると、明治初年、英国商人トーマス・グラバーからサルベージ技術を学び、その技術を用いた沈没船の引き上げで礎を築いた会社だった。

同課は二〇〇七年に「学芸文化課」の中にある「室」として設置され、現在では「文化観光国際部」の「課」に格上げされている。世界遺産登録を観光需要掘り起こしの起爆剤にしたいと考える長崎県としては、当然の位置づけかもしれない。

どうして生月のかくれキリシタンについての記述のギャップが生まれたのかを聞くと、課長補佐から意外な答えが返ってきた。

「じつは、もともと生月島は〈構成資産〉に入っていませんでした。構成資産は中江ノ島であって、生月島はイコモスの指摘を受ける前から一貫して入っていなかった」

どういうことだろう。旧パンフレットでは生月のお掛け絵の写真やポンチ絵が使われていたではないか。課長補佐もやや困ったように答える。

「指摘を受ける以前は、中江ノ島を構成資産としつつ、それを崇拝する生月島の信仰形態の資料を、構成資産の説明に用いることができると考えていたんです。しかしイコモスからは、構成資産は個別に価値を説明するよう見直せ、といわれている。生月島の信仰という別の要素で説明すべきではない、と受け止めて見直したのです」

では「信仰は消滅」とはどういうことか、と聞くと課長補佐は生月島と向き合う平戸西岸の地名を挙げた。

「生月島の信仰は続いているのですが、構成資産である〈春日《かすが》の集落〉の信仰組織はもう消滅しているからです」

整理する必要がありそうだ。

じつは、イコモスが指摘したのは「潜伏期に絞れ」ということだけではなかった。

構成資産そのものを使って世界遺産のストーリーを裏づけて説明すべきなのに、日本側はそれ以外のものを併せて盛り込んできていた。それが〝作法〟に則《のっと》っていない、とダメ出しを受けたのだ。中江ノ島の価値を説明するのに、生月の信仰という別の要素を持ち出してはならない。イコモスの理屈では、そういうことになる。

一方、構成資産の一つである「平戸の聖地と集落」には「中江ノ島」ともう一つ、平戸島西岸にある「春日集落と安満岳《やすまんだけ》」というエリアが含まれている。

平戸島西岸は、平戸領重臣でキリシタンに改宗した籠手田氏が、生月島とセットで統治した領地だ。布教期に信仰が浸透したエリアで、生月と共通した特徴を持っていた。「春日」もその一つである。信仰上の洗礼などに用いる聖水を中江ノ島で採る習慣があり、独特の納戸神を蔵した家屋もある。

ただし決定的な違いがあって、それはすでに信仰は昭和初期に消滅していることだ（平戸島全体で見ると最後のかくれキリシタン組織となったのは春日から南に三キロにある「根獅子《ねしこ》」。一九九二年に組織が解散し、消滅した）。

ではなぜ、信仰が生きている「生月島」は構成資産やその説明から外されているのに、「春日の集落」は入ることができたのか。

それはイコモスが求める「物証」があったからだ。

「物証」について国内で審議するのは文化審議会世界文化遺産部会だが、「資産構成」という観点は重要」と、文化庁世界文化遺産室の渡辺栄二室長はいう。

「イコモスの審査に堪えられるかという観点からすれば、なるべくオリジナルな状態が維持されているかが、重視されるポイントです。国際的にPRするときに、どこまで絞ってストーリーを組み上げるかは、戦略的に考えていかなければいけない」

春日には、安満岳という霊山から伸びる尾根に挟まれた谷がある。その谷を覆い尽くすように棚田が広がっていて、文化財保護法の「重要文化的景観」に指定されている。

春日にも足を運んだが、民家が点在する斜面地の棚田のわずかな隙間をつないで、車一台が通れるか通れないかという細い里道が配されている。

長崎県の説明では、その配置全体は、江戸時代に残された絵図（地図）と比較してもほぼ変わっていないのだそうだ。つまり、禁教期の生活が営まれた集落の状態がそのまま保存されている。そのことが証明できたので、「オリジナルの遺構」であるというのだ。

逆にいえば、生月はそうした遺構がなかった。「リスト入り」という獲得目標に向けた現実的な判断として、パンフレットから「生月島」を消したのだという。

なぜ、生月に教会がないのか？

世界遺産は「オリジナルの物証」を重視する。なるほど、そういうプロジェクトなのだ。ただ、やはり釈然としない。日本政府や長崎県は四五〇年以上にわたって信仰を受け継いできた生月のかくれキリシタンの存在をどのようなものだと考えているのだろうか。

ポルトガル出身のイエズス会の修道士は報告書の中で、生月島南部の山田地区につくられていた教会について、次のように記している。

「彼らの有する教会ははなはだ大きく、かつ優美であり、彼らが非常によく整えているので、見て楽しむにふさわしいものであった。後に私が実見したように、この家屋は六百名以上を収容することができる。（中略）この家屋は野にあって美しい林に囲まれているので、外から見ることができず、はなはだ清潔で荘厳な入口を備えている。（中略）一本の川が周囲を巡るように流れており、ほとんど要塞のようになっている」（一五六一年十月一日付、ルイス・アルメイダ修道士の書簡）

〝要塞みたいな教会〟――という表現は武骨だが、なんと六〇〇人以上を収容するというから驚きだ。東京大司教がいる東京カテドラル関口教会の大聖堂の定員が八〇〇人、著名人が葬儀をする青山葬儀所の収容人数が四五〇人。その中間ぐらいだと考えれば、いかに大規模な建物が教会として用いられたか、想像がつく。もちろん上司宛の文章だから誇大に盛られている面を割り引く必要はありそうだが、核となる事実があったからこそ記録されているに違いない。

「島の館」の中園成生学芸員によると、布教期に生月につくられた教会は大きなものでこの南部の山田、中部の堺目、北部の壱部にそれぞれ一軒。合計三つも建てられたことが記録上確認されているそうだ。遺構が現存していないから、世界遺産からは排除される。それはそういうものだと納得するしかないが、「現存しないこと」の意味も考えたい。

生月にあった教会の歴史を辿っていくと、そこに〝破壊の連鎖〟があったと気づかされる。

山田教会は、ポルトガル人司祭ガスパル・ヴィレラによる一斉改宗の際に建てられた。

「一五五八年にこの領主は司祭の勧めに従って、未だ帰依していない農民と家臣数名、および家族一同をキリシタンにした。キリシタンの人数は総勢一五〇〇名内外である。

彼は司祭に伴って村々を巡り、説教をして改宗を勧め、寺院から偶像を取り去って教会に変え、幾つかの場所に墓地を造って、死者のために大きな十字架を建てた」（一五五九年、バルタザル・カーゴ修道士の書簡）

注意深く読むと、けっこう手荒なことをやっている。寺の仏像は偶像なので取り去って、寺を教会に変えた。墓地はやめにして、別に教会用の墓地をつくっている。はっきりはしないが、墓を移したとしたら、掘り起こした可能性だってある。

実際、司祭が取り出した仏像を焼き払ったこともあり、逆上した地元の仏寺指導者たちからの訴えを受けた領主松浦氏の命令で、ヴィレラは博多へ追放された（布教は存続）。

さらに、松浦藩の後世の記録では山田の教会を焼き払った跡に寺を再興したとある。寺の発掘調査では、奇しくも中世の寺の石塔も見つかっているという。

つまり寺から教会へ、教会から寺へという報復が繰り返されたのだ。

「踏み絵」ならぬ〝踏み石〟

キリスト教布教には、暴力的な面がある。

じつは、生月ではないが、その痕跡を残した「物証」は今回、「構成資産」の中に含まれていたはずだった。「禁教期に絞れ」というイコモスの指摘で「構成資産」から外されてしまった、日野江城（長崎県南島原市）である。

島原半島南部にある日野江城は、一五八〇年（天正八年）にイエズス会から洗礼を受け「キリシタン大名」となった有馬晴信の居城で、禁教令の二年後、一六一六年（元和二年）に廃城となっている。

その廃城跡で一九九五年から二〇〇二年にかけて、北有馬町（現・南島原市）による発掘調査が行われた。その際に、城跡から長さ十メートル、幅五・七メートル、二十二段に及ぶ石段が見つかっている。注目を集めたのは、その石段の踏み石に、なんと寺や墓地の「仏塔」が転用されていることがわかったからだ。

晴信の受洗後、その領地では三か月で四十を超える寺社が破壊され、仏寺の僧たちは改宗か追放かを迫られた、とされている。そういう歴史背景と照らし合わせてみると、この「石段」の持つ意味がわかってくる。石段には、お寺によくある「五輪塔」のみならず、墓に使われる「宝篋印塔《ほうきょういんとう》」の石が、じつに一三五点にわたって用いられていた。

「初段横列と両端の初段から最上段までの縦一列は凵字状に石塔が配列され（中略）しかも初段から四段目までの内部（横列）はほぼ全ての踏み石に石塔を配置しており、

築造当時は、まさに石塔（仏塔）を踏みしめて登り降りする状況があったものと考えられる」（「南島原市文化財調査報告書第六集〈日野江城跡総集編Ⅰ〉」二〇一一年）

仏教しか知らなかった日本人は、仏塔を踏むという背徳的な感覚を味わわされた。キリシタン伝道期における、仏門に従う者への見せしめだったのだ。

イエズス会の宣教師の報告書はまさにそうした意識を裏づけている。九州地区の布教責任者であったガスパル・コエリュは同じくキリシタン大名が支配する大村純忠領の信徒に対し、救済につながるという名目で〝火つけ〟を促している。

「あなたがデウス様（キリスト教の神）の御意向にかなってすることができ、また、あなたの罪の償いとして考えられることの一つは、（中略）通りすがりに、最初の人としてどこかの寺院を焼き始めることです」（松田毅一・川崎桃太訳『完訳フロイス日本史』）

そして、これを耳にしたキリシタンは早速、ある大きく美しい寺院を通り過ぎた時に放火して、この寺院を瞬く間に全焼させてしまった、という記述が続く。宣教師たちは「仏僧は日本の修道者にして諸人を地獄に落とす者」（当時の日本布教長フランシスコ・カブラル）という他宗派への攻撃的な意識に染まっていたのだ。

しかも、単なる宣教団の旅先での自己防衛としてではなく、当時のキリスト教世界の持っていた論理がそうだった。

石造物研究家の大石一久《おおいしかずひさ》氏は『天正遣欧使節　千々石《ちぢわ》ミゲル』の中で、千々石ミゲルら使節の少年たちがローマ教皇に謁見した際のサン・ピエトロ大聖堂での式典で、大村領での寺社破壊が礼賛された（列席した枢機卿らは涙した）ことに触れ、「当時のキリスト教界じたいが、宣教先の伝統宗教はまさに破壊するに等しい下劣な偶像教とみなしていた」と指摘する。

豊臣秀吉が一五八七年（天正一五年）のバテレン追放令で宣教師の国外退去を命じたのは、「神社仏閣の破壊行為」を危険視したことが一因だ。後に禁教政策を強めていく家康についても、キリスト教迫害で有名なローマ帝国の「暴君ネロ」みたいに、最初から迫害政策に染まっていたわけではない。宣教師たちのやり方が、「排除の論理」で拡大する過激派の顔を持っていることを感じ取ったのだ。

徳川幕府の弾圧が激化すると、過去に六万人もの領民が入信していた大村領（現・長崎県大村市など）のような地域の場合、ひとときに四一一人も斬首するという事件（一六五七年・郡《こおり》崩れ）も起きる。大名がいったんキリシタンに強く肩入れした分だけ、禁教期になるとあえて〝シロ〟を強調するかのように、信徒を根絶やしにするような虐殺が起きた。

「イコモスの指摘で除外される前の日野江城の記述には、〈石段〉の説明はされているのですか」と長崎県の課長補佐に訊くと、「それも含めていたんです」という回答だった。

　ところが東京に戻ってから、指摘を受ける前の二〇一四年版パンフレットをもう一度よく読んでみると、違うのだ。

「日野江城跡」との写真説明で石段の写真こそ掲載されているが、この貴重な「物証」の価値については語られていない。本文でも「城下には神学校であるセミナリヨやコレジヨが置かれ、日本でも有数のキリスト教教育の拠点でした」という〝美しい事実〟だけが書き連ねられ、〝おぞましい石段〟であることが強調されているようには見えない。

「世界遺産登録」という果実を急ぐあまり、「禁教がなぜ始まったのか」「潜伏期信仰がなぜ生まれたのか」という大切な疑問が抜け落ちてはいないか。本来ならそこにこそ、とても大切なメッセージが含まれているはずだ。

　キリスト教を含めた一神教は、他宗派を凌駕《りょうが》してその歴史ごと「現在の自分の正義」で塗りつぶしてしまう。そんな暴力的な性格を見せることがある。

　二〇〇一年三月、アフガニスタンのバーミヤン渓谷で、当時政治権力を握っていたイスラム原理主義組織タリバンの戦士が二体の石仏を爆破した。「アッラーフ・アクバル！」（神は偉大なり）と叫ぶ音声の混じったそのショッキングな映像は世界を駆け巡り、イスラム原理主義の狂信性を印象づけた。

狂信者はイスラム原理主義者だけではない。圧倒的な軍事力を背景に日本にやってきた修道士たちが、日本の仏像を焼き、墓所を破壊する。規模も時代も全然違うが、イスラム教もキリスト教も、同じユダヤ教を淵源《えんげん》に持つ一神教である。

破壊が次の破壊を呼ぶ、破壊した側は忘れても、破壊された側は記録し、記憶を伝え、報復を誓う。キリシタン史には、繰り返される反目の連鎖が刻み込まれている。

公式記録は「カクレキリシタン」

布教期に三つも教会があったはずの生月島に今、「物証」はない。

仏教が支配する禁教期に教会を残しておく理由はない。むしろ精神的な拠《よ》り所を残さないためには、破壊しておいた方がよい。そう考えたに違いない。

実際、島中部の堺目地区に「焼山《やきやま》」という名前の殉教聖地があるが、「教会に火をかけて焼き討ちした」ことからこの名称になったとの伝承もある。

結果、キリシタンたちは信徒の家に集まって、祈りの場とした。そうした人々の営みに想いを寄せる方法は、ほかにもあるのではないだろうか。

長崎県世界遺産登録推進課にまた電話をかけるために受話器をとった。

長崎県は、構成資産に加えられた遺構や景観について、この十年前後で次々と文化財保護法の重要文化的景観などの選定に動き、実現してきた。「春日の棚田」はその一例だ。また、国指定史跡の原城跡や国宝の大浦天主堂のように世界遺産の運動が始まる前から文化財としての位置づけがはっきりしている資産もある。こうした「物証」はたしかに価値があるものだろう。

だが、「物証」がないまま消え入りそうな「生きた営み」はどうなってしまうのか。

こうした疑問をぶつけると、課長補佐はさらりと、「担当が違う」という。

「不動産が前提の世界遺産では無理ですが、かくれキリシタンの信仰は習俗として何かの措置をしていたはず」

習俗を扱うのは、「民俗文化財」だという。文化庁のウェブサイトによるとこれは、「衣食住、生業、信仰、年中行事に関する風俗慣習、民俗芸能、民俗技術のほかこれに使われる家屋や道具といった日常生活の中で継承されてきた有形・無形の伝承」

というようなものだ。北海道の「アイヌ古式舞踊」や青森の「ねぶた祭り」など「重要無形民俗文化財」として指定されると、自治体を通じて保存会に助成が行われる。「重要」の二文字がつかない「無形民俗文化財」に選ばれた場合でも、記録を作成する自治体の事業に国の助成が可能だという。

続いて電話に出た県教育委員会学芸文化課の担当者によると「たしかに一九六五年に無形民俗文化財になっています」との答えだった。選ばれたのは五十年以上も前のことだ。保存活動のために支援はしないものなのだろうか。

「平戸や上五島《かみごとう》で昔から続いている神楽では地元に保存会があって、助成ができることになっています。ただかくれキリシタンの信仰は宗教でしょう。政教分離ということもあるし、オラショを唱えるボランティアを外から募るのでは、ちょっとおかしいことになる」

その言い分は、わからなくはない。特定の信仰だけを助成したりしたら、戦前の国家神道と区別できなくなってしまう。祈りはエンターテインメントやお祭りとも違う。ただ、多くの習俗が宗教的色彩が背景にあってなされるものだし、文化庁の定義もそれを前提にしている。

「そういう意味では、記録を作成するということで九九年に長崎県で調査報告書が作成されていますね。どうして一九六五年の選定から報告書まで三十年以上かかったか？　それは……当時の職員もいないのでわかりません」

生月島への三度目の取材からの帰路、私は空港を通り過ぎて長崎市内に足を延ばし県立図書館に向かった。そこで手にしたのがじつに二七〇ページに及ぶ分厚い報告書だった。中身を見ると、長崎県各地のかくれキリシタンの集落を個別に悉皆《しっかい》調査している。行政のアリバイづくりのような代物ではない。

とりわけ信仰生活が残っている生月島には丸々一章を割き、壱部、堺目、元触、山田と全四集落を分けて調査し、一集落だけで最大二十五ページもある。それぞれの共通性や違いまで書き込む熱の入れようである。

タイトルを見ると、「長崎県のカクレキリシタン　習俗調査事業報告書」とあった。

消されゆく信仰

「カクレキリシタン」

このタイトルからして察しがついた。八人の調査委員を束ね統括している主任は、『岩波キリスト教辞典』の「隠れキリシタン」の項の執筆者でもあった、長崎純心大学の宮崎賢太郎教授（当時）である。宮崎氏が筆をとった総説の文章の中でも呼称についてはこだわっていて、冒頭からこういうトーンで綴《つづ》られている。

「仏教徒であることを表明せねば生きてゆけなかった江戸時代の〈潜伏キリシタン〉に対し、（禁教の高札が撤去される）明治六年以降その必要がなくなったにもかかわらず、従来の信仰形態を維持してカトリック教会との接触を持とうとしない人々を〈カクレキリシタン〉と呼んで明確に区別したい」

さらに「なぜカトリックに戻らないのか」という問いを自ら立て、「彼らの信仰が完全に日本化し、土着の伝統的な宗教観念と同化し、キリスト教的世界観からすでに遠いものに変容してしまっているからである」と結んでいる。各論でも宮崎教授が担当した元触地区の部分だけは最終節に「カクレキリシタンを止めない理由」と項目立てをし、「タタリを恐れているということではなかろうか」という解釈を展開している。

一九九九年といえば、生月島の信仰の精神的支柱であった大岡留一さんが亡くなる十年ほど前、津元の解散が相次いでいた時期だ。記録としてのギリギリのタイミングだった。

記録は詳細にわたる。貴重な調査であることに、異存はない。

しかし、どうしても違和感を拭えないのは、これが個人や宗教団体の著作物ではなく、長崎県が税金を投入した「公式記録」であることだ。その総論的見解がカトリックの目線からのみ記述され、「キリスト教的世界観からすでに遠いものに変容してしまっている」という消極的評価のまま残されていてもよいのだろうか。

百歩譲って、「なぜカトリックに戻らないのか」という問いを立てるなら、併せて「なぜ先祖と私たちはかくれキリシタンの信仰を守り通したか」という問いを立てるべきではなかったか。そうして生月の信徒にも語ってもらうのがフェアだ。古老へのインタビューによる口述の歴史記録（オーラルヒストリー）を残していくだけでも、「物証」にも勝るとも劣らない、貴重な記録になったはずだ。

こうした記録や保存に対するアンバランスは、この取材を通じてずっと感じ続けているものだ。壮麗なカトリック教会を多数抱えた長崎の街が、早くも世界遺産登録を見越して観光資源化されていく一方で、生月島に残る殉教聖地では、通路の石一つをどかせずにいる。生月島で覚えたあの違和感に通じるものがあった。

四度目の取材で生月島を去る間際、中園成生学芸員にまた尋ねてみた。

「どうしてパンフレットからいきなり生月島の存在が消えたりしてしまうんでしょう」

吐き出すように重い答えが返ってきた。

「長崎県は、かくれキリシタンの存在を書き込むことをあえて避けているのです。なぜなら、これまでやってきたキリシタン史の説明との整合がとれなくなるから。彼らは、〈禁教期変容論〉の影響を受けています。江戸時代の〈潜伏キリシタン〉と、現在に続く〈かくれキリシタン〉は違うもので、変容してきた、というスタンスをとっているんです」

これまでの説明？　私は慌ててイコモスからの「潜伏期に絞れ」と指摘される前のパンフレット（「長崎の教会群とキリスト教関連遺産」、二〇一四年）の記述に目を通した。いわれて初めて気づいたのは、欄外のコラムにこういう記述があったのだ。

「禁教時代に、表向きは仏寺の檀家となりながら、一方でマリア観音や聖地などを通じてキリスト教の信仰を保持・継承した人々を〈潜伏キリシタン〉と呼んでいる。

これに対し、禁教令が撤廃された後もカトリックに復帰せず、潜伏時代の信仰形態を継承している人々は、〈かくれキリシタン〉と呼ばれる」

「呼ぶ」「呼ばれる」の主語もはっきりしないが、公的文書だ。〈カクレ〉とカタカナにこそしていないが、潜伏期と明治以降のかくれキリシタンを分ける考え方をたしかにとっているではないか。長崎県は、中園氏のいう「禁教期変容論」の説明に則っているのだ。

「でも、禁教期のいつから何が変容したのかという説明はできないのです。イコモスから突っ込まれたら説明が不能な厄介《やっかい》な問題になる。だからこそ、生月島のかくれキリシタンの存在を〝消そうとしている〟。その存在は、はっきりしているのに」

　そういえば、宮崎教授が『岩波キリスト教辞典』に記した定義でも「潜伏キリシタン」と「カクレキリシタン」の間に「質的差異」があると書いてはいたが、結局、「潜伏時代の信仰内容の変遷を明らかにするのは困難」と弁じていた。

　十六世紀の布教当時の状況からして、明らかでない部分は少なくない。言葉の壁などを乗り越えようと、宣教師側が主体的な〝工夫〟として、教義の言い換えや簡略化を行っているケースもあった。例えばザビエルはキリスト教の唯一絶対神（デウス）の概念を伝えるため、一時、太陽を象徴する仏である「大日」と言い換えていた。

　当時、宣教師から聖書は配られていなかったとされる。聖書に記されているようなイエスの事績の情報は、基本的に宣教師に独占されていて、その情報格差にこそ、宣教師のステータスを高める構造があった。

　たしかに布教の時期、教義のエッセンスとなる隣人愛の実践や祈りを記した教義書が、数度にわたり、出版されはした。だが部数は限られたし、読み書きができない民衆も少なくない。だから読者は武士や庄屋など一部の知識人層に限られ、一般民衆は彼らから読み聞かされたとされている。

　そして、禁教期に入って教義の情報を〝独占〟していた宣教師たちが不在となり摘発も続くと、教理書は没収され、参照すべきテキストはなくなっていく。潜伏して信仰を続ける状況下では、代々受け継がれるノートのようなものをつくることも難しい。昭和に入ってから生月でつくられたオラショノートのようなものが潜伏期に存在すれば、版を遡《さかのぼ》っていくことで、「変容」の過程を明らかにすることもできるが、それもできないわけだ。

どのようなかたちで布教され、どういう変遷を辿って、現在のような信仰形態に至ったのか、明らかでない部分がほとんどなのだ。それを、誰でも聖典を読める二十一世紀の前提に立って、彼らの信仰対象や祈りの儀式が「聖書の内容に照らしておかしい」「キリスト教の本質を忘れている」と断じ、「変容」のレッテルを貼るのが正しいのだろうか。禁教期の「潜伏キリシタン」と現在の「カクレキリシタン」は、本当に明確に切り分けて説明ができるのだろうか。

そうした点をイコモスに突っ込まれると、説明不能に陥る恐れがある。だからこそ、その方向に議論が入り込まないよう、生月のかくれキリシタンについて、パンフレットから丸ごと記述を削除したのではないか——それが中園学芸員の見立てなのだ。

「島の館」を辞した後、空港に向けてハンドルを握りながら、私は目の前でずっと感じていたもやもやの正体を理解した気がした。

「そっとしておいてくれ」

現在も信仰を続けている信徒はいる。当事者であるかくれキリシタンの信徒たちに、今回の世界遺産をめぐる経緯についての受け止めを聞いていたことを思い返していた。

生月島南部の山田地区日草の津元のオヤジ役、船原正司さんは十九歳で生月町役場に就職。二〇〇五年に平戸市と合併する際には、中枢の企画課にいた。

煩雑な事務を済ませ合併に漕ぎ着けたものの、皮肉にもその後、島の人口減少は目に見えて加速した。三階建ての頑丈な庁舎のうち、現在十四人の職員が忙しく働くのは一階の事務スペースだけ。議会の機能は平戸に移り、生月に常駐する職員数は減った。

生月支所と名前を変えたその建物の支所長が船原さんだ。生月の信仰の伝え手としてだけでなく、生月島きっての行政マンとして、島の盛衰を見てきた貴重な証人である。

日草の津元は現在最後に残る四つの津元の一つ。船原さんは、「津元解散」と「世界遺産の熱気」をめぐって、皮肉なかたちですれ違った時の流れを語った。

「国内の暫定リスト入りしたのが二〇〇七年ですが、そのときの名称はまだ、〈教会群〉だったのです。教会建築としては生月島にも〈カトリック山田教会〉があって、俎上《そじょう》に載りました。洋風教会を多数手がけた鉄川与助の一九一二年の作品です」

〈教会群〉としては当時、構成資産だった田平天主堂が、同じ鉄川与助の一九一八年の作品。それと比べてみれば、地元としてはより古い山田教会を積極的に推す理由はありそうだが、構成資産にはならなかった。

「当時、私たち生月の人間の間では、本当に価値があるのは、教会ではなく、かくれキリシタンの信仰だろうにね、という話をしていた記憶はあるのです。その後、イコモスが〝潜伏期に注目する〟というなら、潜伏期からの信仰が承継されている地域にスポットライトがあたるのが当然だと思いませんか」

じつは、私が生月での取材を始める際に見たドキュメンタリーで、お掛け絵だけでなく仏壇にも手を合わせていたのは、この船原さんだった。今もかくれキリシタンの神様も、仏壇の先祖の位牌も拝んでいる。しかし現代に生きている船原さんは、仏教をカモフラージュとしているわけではなく、いずれの信心にも、まじめに向き合っている。

「生月の信仰に焦点が定まらない理由はいろいろあります。もちろん、世界遺産は不動産を対象にしているということもありますが、個人的には、こうした生月の信仰が、キリシタン信仰のイメージにそぐわないと受け止められたせいではないか、と思ったりもするのです。秘密めいた信仰でもなく、島には立派な橋がかかり、大きな漁港もありますから。

でも、違うんですよ。捕鯨があり、まき網漁業という生業があって、かくれキリシタンも仏教もある。そういう全体として、この島の風景ができていると思うのです」

船原さんの言葉に、膝を打つ思いだった。漁業を中核とした「生業」があり、これと結びつくかたちで宗教が息づいている。

生月の漁業は、今でも月の満ち欠けを基準とした旧暦で廻っている。例えば遠洋まき網船も、三週間海に出ては、満月前後の一週間は帰港する。満月の前後は海上が明る過ぎて、集魚灯の効果が薄れるからだ。その旧暦をベースに「お誕生（クリスマス）」や「上がり様（復活祭）」というキリスト教起源の行事の日取りが定まり、非キリスト教的なお盆の習慣も同じ軌道の上で、矛盾なく繰り返されてきた。

この〝生月らしさ〟は、宗教だけを見ても、捉え切れるものではない。

そういえば仏教徒の元漁師が「船の神棚に聖水を置いていた。病気になると飲んだ」と話していた。聖水は船内生活という経済サイクルの一部に組み込まれていた。

「そうは思う一方で、積極的にいうものでもないとも同時に思ってきたのです。信仰というのは我われにとっては生活で、そっとしておいてくれ、という気持ちも正直、ありました」

だが、そうはいっていられない状況が、世界遺産の話が盛り上がる以前に、深刻なまでに進行していた。二〇〇〇年代前半、雪崩を打ったような津元の解散が進みつつあった。

「その流れはもう戻れないところまで来ていたのですが、世界遺産で注目を浴びる中で、もう一度考え直した。自分たちの先祖を含めて生月でこう信仰されていたというのを、それぞれで伝えて残していかんばいかんとは思うようになってきましてね」

たとえ消えゆくことが運命でも、この信仰を伝え語っていこうと。

世界遺産登録に向けて、地元の平戸市でも、観光ルートの検討も進んではいる。

このインタビューの一週間前、船原さんは、ボランティアの人たちとともに、清掃のため中江ノ島に渡った。「お水取り」はしばらくしていない。

宗教行事ではないが、みなさんの前で改めて岩の割れ目にカヤを挿してみたんです、と船原さんは笑顔で話した。

第六章

「復活」を選ばなかった理由

現代の日本人は信教の自由が憲法で保障されているから、わざわざ「かくれ」などと冠した信仰を守り続ける人たちの心理は、歴史的経緯を知らなければわかりにくい。禁じられてきた「キリスト教の神様」が大切だというのならもう何の制約もないのだし、教会に通い始めればいい、なぜそうしないのだろう、と当初は私もそう思っていた。

彼らにとってカトリックの教会に通うこともまた、「代々守ってきた信仰を捨てること」になる、ということを知るまでは——。

ある「対決」

生月島南部の山田地区の最長老、九十一歳の村川要一さんはオヤジ役も務めた熱心なかくれキリシタンだが、地域の神社の氏子総代長であり、浄土宗の寺の檀家でもある。自宅には金比羅様も祀ってあるそうだ。あれが主でこれが従とかいうことがない。そのすべてでとても信心深い、と理解するほかなかった。

もし「キリスト教の絶対神」も同居しているとしたら、教義上抵触しそうな予感がする。「それぞれの教義はぶつかったりしないんですか」と尋ねたときのことだった。村川さんは驚きのエピソードを語り始めた。

中江ノ島での「お水取り」の儀式（提供「島の館」）

「私の親父が六十歳を過ぎとったから、昭和三七年か、三八年の頃の話ですたい。親父の従兄弟に鍛冶屋《かじや》をしとるベテランのカトリック教徒がいて、正月になると農家の親父とは野菜とか酒とかを持ち寄って大賑わいしよる仲ですたい。あるときその従兄弟が親父のところにひょっと、『いとこ、おるかい』と、やってきた」

　生月では明治初年の再布教でも二十軒しか改宗しなかった。田北耕也が『昭和時代の潜伏キリシタン』をまとめる戦後復興期で四十軒と、ほとんど増えていない。ただ、改宗したカトリックと、改宗しなかったかくれキリシタンの間には、特別に意識し合う関係があるようだった。

「従兄弟がいうには『お前さんども〈かく

れキリシタン〉が中江ノ島に行って拝めば水が出るというが、俺が行って拝んでも水は出ん。どうしてじゃろか』というとです。

話し合っているうちに、そんなら〈カトリック〉と〈かくれキリシタン〉でどっちも四、五人ずつ集めて、中江ノ島に渡って〝拝み比べ〟してみよう、となったそうですたい」

一つの殉教聖地を「カトリック」と「かくれキリシタン」が拝んで、どっちが「聖水」を引き出せるか。その「神通力」のようなものを競うというのだ。そもそも「神を試す行為」は、たしか聖書では戒められている、などと野暮な疑問も湧くが、いってても仕方がない。

「従兄弟の方は『かくれキリシタンが拝むと聖水が出る』というが、そんなことあるものかねと、どこかで疑う気持ちが拭えなくて、ずっと根に持っとった。お前さんたちが出せるなら、自分たちだって拝んで水ば出せるはずだと頭から離れんでいたようですたい」

そうか、これは「カトリック」が胸に秘めた、わだかまりをぶつけているようだ。

殉教聖地の中江ノ島でかくれキリシタンの信徒が拝むと岩の割れ目が湿り、やがてポタポタと瓶に滴るほど水が出てくる、という話は〝奇跡〟というより、年配の信徒からは「当然」を含んだニュアンスで語られる。

――無人島の中江ノ島には船着き場はない。十人ほどが「お水取り」に向かうには、エンジン付きの船で近づいた後、何隻かの手漕ぎの伝馬船《てんません》に乗り換えて接岸するしかない。斜度四十五度の岩場伝いに歩くと、かつて信徒が拵《こしら》えたコンクリート製の小さな祠があって、殉教者の人形が三体。崖面に垂直に三十センチほど走った割れ目に現地調達したカヤを取って一端を割れ目に差し込む。もう片方を持ち込んだ空の瓶の口に挿す。

そして、祈りが始まる。

「カトリックは〈お祈り〉というんですかね。いくらやってもちっとも湿ってこない。その後に親父たちの組が〈ごめさ〉をしたら、すうっと清水が出てきたそうですたい」

ごめさとは、オラショのことである。勝者は、かくれキリシタンの方だった。

「それでいとこは『負けたばい、俺も相当強かことというたなあ、もう兜《かぶと》を脱いだ』って。私はその頃、船乗りだったから、少し後で親父から聞いた話ですたい」

禁教期を終えてから、九州西岸各地の信仰集落の人々には、「復活」か「継続」か、という選択の機会が訪れた。各地の選択は様々に違っていた。ただし、信徒のほとんどが復活を選ばず、カトリックが「兜を脱いだ」という地域は、生月島をおいてほかにない。

そして見逃せないのは、今回、世界遺産登録を目前にした十二の構成資産のリストから、生月島の名前だけが抜け落ちている、という点だ。

「復活」か「継続」か

「どうして生月の先祖はカトリックに合流しなかったと思いますか」

山田地区日草のオヤジ役、船原正司さんにそう訊くと、意外な答えが返ってきた。

「先人が代々、明治まで続けてきたものを引き続きやろうと思ったからじゃなかですかね。自分たちが続けてきた信仰が伝統のキリシタン。明治に来たのは新しい宗教で、〝ローマ教会に戻る〟という感覚はなかったと思います」

黒船が運んできたカトリックはいわば新参の外来宗教と認識したのだという。これは生月島の特徴にもつながっていた。

時計の針を、再び明治まで巻き戻したい。

幕末に鎖国の蓋が外れ、再びカトリックの外国人宣教師が長崎の港からやってくると、改めて洗礼を受け「復活」するかくれキリシタンが次々と現れた。

「各地のキリシタンがどのように復活の道を選んだか」を『切支丹の復活』にまとめた長崎公教神学校教授の浦川和三郎（一八七六年～一九五五年）は、こう書いた。

「条約改正の結果、信教の自由が与えられるようになったら、信徒の数も倍加するにいたるのは判りきっている」

たしかに浦川の予想は当たっていた。

一八七七年（明治一〇年）の全国のカトリック教徒は一万五〇〇〇人。これに対し十年後、一八八七年にはこれが三万六〇〇〇人と、二倍以上に増えていた（『カトリック年鑑』、一九四八年刊）。しかも、この年の長崎のカトリック教徒は二万八〇〇〇人だから、全国の八割近くを長崎の潜伏信徒の末裔が占めたことになる。

だが、一方で想定外もあった。「継続」を選んだ者もかなりの数に上り、明治初頭で二万人とも、昭和初期で三万人とも推計された。流刑されても棄教せずに復活した浦上村のカトリックを母に持つ浦川には、理解しがたい現象だっただろう。

この間には、二つの力がせめぎ合っていた。「神父たちの布教熱」と「明治政府の方針」である。

「プチジャン神父たちの方も必死だったんです」と、日本二十六聖人記念館（長崎市）の長野宏樹副館長はいう。上陸する五十年あまり前の十八世紀末に起きたフランス革命によって、本国ではカトリック教団が国教の地位を剝奪された。聖職者は特権階級と指弾され、教会の財産や土地は接収された。信者も離れてプロテスタントや共産党の無神論に宗旨替えする者が続出していた。

極東布教の実績はカトリックの正しさの証明になる。無学の民衆にも「カトリック以外は救われない」とわかるように、畳の大きさの版画を用意して、卍印をつけた人が地獄に、十字架をつけた人が天国に行く図を描いた。潜伏しているキリシタンに呼びかけるため、できるだけ高い丘の上に教会を建てようとした。建設費を賄うため郷里に無心する宣教師もいた。

「彼らはザビエルの時代から蓄積されていた日本人の宗教心理を研究していました。例えば神（デウス）をどう表現するか。かつてザビエルは仏教の一派と勘違いされる〈大日〉と訳して失敗したが、日本人伝道士が使った〈出臼《でうす》〉ならいい――そう提案する長崎のプチジャンに対し、横浜にいた日本教区長のジラール神父は中国語訳の〈天主〉から横浜に建てた教会に〈横浜天主堂〉とつける。これが教理をめぐる大論争に発展してしまう。それほどの熱の入れようでした」

とはいえ、信徒の側からすれば「復活」は決して簡単な選択ではなかった。

一八七三年に禁教は撤回されたが、一八九〇年の日本帝国憲法施行までは「信教の自由」は保障されていない。熊本・天草では、当局にキリスト教への「転宗願」を出しては無視された。キリスト教式に家族の埋葬を強行したら県の出先の役人から五十叩きにされた例もある。

しかも明治政府は当時、天皇を国民統合の象徴として新国家建設を急いでおり、神《じん》祇省《ぎしょう》（のちの教務省、宮内省）に宣教使をおくなど神道国教化を推し進めようとしていた。

復活と継続はせめぎ合い、信仰集落の所在地によって、その傾向には大きな違いがある。田北の著述を参考にその分布を整理してみよう。

①　浦上村　　ほぼすべてが「復活」
②　外海地方　およそ半分が「復活」
③　天草下島　崎津、大江の両集落でほぼすべてが「復活」
④　生月島、平戸島西部　　大部分が「復活せず」

次頁の地図を併せて見てもらいたい。布教の中心地となった「長崎（大浦天主堂）」

との距離感によって選択に違いが生まれていく様子が読み取れる。

生月の特徴を理解するために順を追って見ていきたい。

まず、神父の拠点である大浦天主堂に近く、呼びかけに最も熱心に応えたのが、開港した長崎郊外に位置する浦上村の人々だった。流配を解かれ郷里に戻ると、東洋一といわれた双塔の浦上教会を建設する。一八八〇年（明治一三年）の段階で、改宗者は三七五〇人にも及んだ（「かくれキリシタン」は二〇〇戸程度）。

長崎・外海の分裂騒動

次に、「復活」と「継続」が半々になった長崎郊外の外海地方。ここでは、改宗を急ぐか、様子を見るか、情勢判断をめぐるボタンの掛け違いが起きていた。

長崎港と同じ五島灘に面して三十キロメートル程度北に位置する外海地方は、海に迫《せ》り出した岩山の尾根と入江が複雑に交錯する険しい地形だ。耕作面積に乏しく、江戸後期にあたる十八世紀に芋の栽培が盛んになるまで食糧事情にも苦しめられた。貧しいエリアなのである。

ここで「復活」を巡る葛藤の遠因になるのが、外海地方のキリシタン間で伝えられ

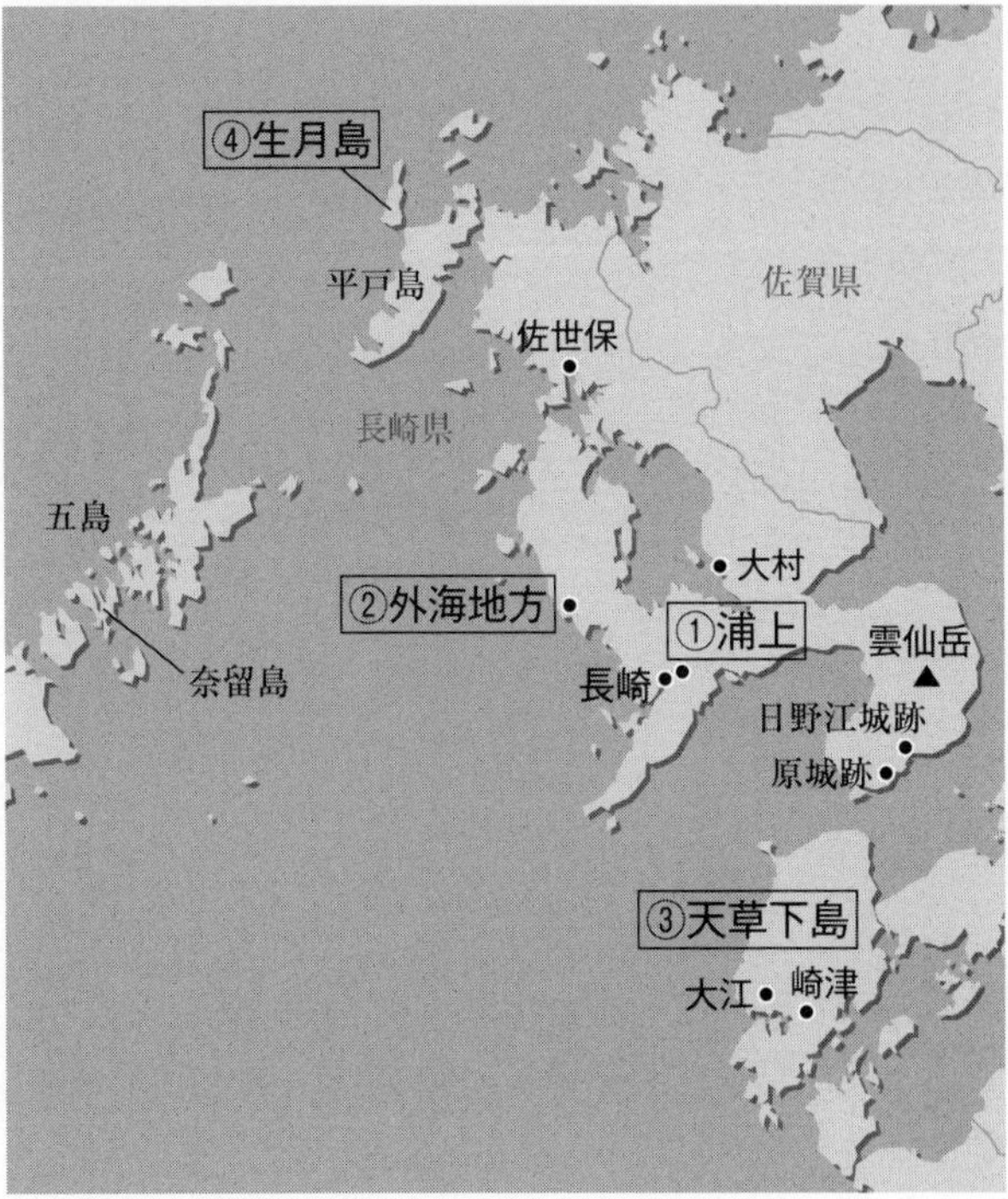
④生月島
平戸島
佐賀県
佐世保
長崎県
五島
大村
②外海地方
①浦上
雲仙岳
奈留島
長崎
日野江城跡
原城跡
③天草下島
大江
崎津

てきた〝ある預言〟だった。山中に潜んだバスチャンという名の日本人伝道士が残した預言を外海潜伏キリシタン文化資料館の松川隆治さん（七十七歳）がよどみなく諳《そら》んじてくれた。

「やがてコンヘソーロ（告白を聞いてくれる神父）が大きな黒船でやってきて毎週コンヒサン（罪の告白）ができるようになる。どこでも大声でキリシタンの歌を歌って歩けるようになる。道で異教徒とすれ違うときには相手が道を譲るようになる」

この不思議な「預言者」は、徳川の禁教令（一六一四年）から数えて二十年後の一六三四年（寛永一一年）までこの地域にいた、と推測されている。バスチャンが残した教会カレンダーがこの年のものだったからだ（グレゴリオ暦を太陰暦に改編したもので、現地では「日繰り帳」と呼ばれる）。松川さんが続ける。

「しかも預言は『七代あとまでわが子とする』ともいっていたから、七代あとに奇跡が起きることを信じて待っとった。すると、ちょうどそれくらいで神父がきたわけですたい」

じつに二〇〇年あまり経った一八六五年九月、プチジャン神父がこの山中に現れた。一代の家長の現役期間が三十年とすれば、だいたい七代の歳月。信じて貧しい生活をしていた村人にとっては、「預言は偶然の一致」と考えることの方が難しい。

「それで預言通り我らの時代の到来だ、と早合点する〝急進派〟が、人目を避けていた宗教行事を昼間からやりだす。これに対して村を代表する庄屋方たちは『禁教の高札も解けてないから自重せろ』とブレーキをかけるが、急進派は耳を傾けてくれない。村が取りつぶされてはいけない――気の早い者たちの意気を削《そ》ごうとその庄屋の一派は、急進派の宝だった伝来の聖画を二枚、信徒の家から盗み出してしまうんです。絵は後に返すのですが、不信感は決定的になって、小役人の詰所《つめしょ》で対峙《たいじ》して最後は木刀を手に殴り合いに発展してしまった」

カトリックに合流する急進派の村人と、かくれキリシタン信仰を継続する庄屋方の対立は、次世代まで続くことになり、「むこうを自治会長にしてはならぬ」という類のしこりは後々まで尾を引いた。

目立った産業が育たない外海地方は戦後、過疎化が進行し、復活と継続の双方が勢力を衰えさせていく。

「カトリック教報」で信徒数の推移を見ると、外海のカトリック信者数は一九六五年には約二九〇〇人だったが、五十年後の二〇一六年では約一四〇〇人と半分以下に減った。

松川さんによると、かくれキリシタンの信仰組織でも指導者の担い手不足によって解散が相次ぎ、残るは出津と黒崎でそれぞれ一グループが存続するのみだという（こうした中、分裂から一世紀以上を経た二〇〇〇年から、対話の試みとして、毎年十一月三日、地域のカトリック信徒、かくれキリシタン代表、仏教徒も加わってともに祈る「枯松《かれまつ》神社祭」という合同行事が行われている）。

程度は違うが、多数が復活した浦上と、その郊外の外海地方には「共通点」がある。「島の館」の中園成生学芸員は、一六三〇年代まで宣教師の指導を受けていた点に着目する。

「禁教期に入った後も宣教師の指導があることで、禁教期に対応した信仰形態を確立できました。例えば葬儀で仏僧がお経を唱えると隣室でお経の効力を打ち消すオラショを唱えるなど、他宗教に対抗する方法が伝承されてきた。信徒が集まる行事は、布教の初期より大幅に縮小され、年間に三つに限定されていました。こうした条件が後の明治期になって、復活しやすい条件にもなったと考えられます」

一方の生月では、条件が異なっていた。

カトリックへの村八分

「復活」の意識が高まらなかったのが、生月島である。

生月に日本人宣教師がやってきたのは、浦上の「復活」の三年後、一八六八年だが、全島二〇〇〇戸のうち改宗者は明治のはじめで二十戸程度と、ほとんどがかくれキリシタンのままだった。聖職者の浦川和三郎も『切支丹の復活』に「成績は今に至るまで、あまり面白くない」と書かざるを得なかった。

「カトリック書店」という出版社から一九三一年（昭和六年）に刊行された『生月のキリシタン』（松本仁之作著）には、より詳しく再布教の苦労が「明治初年の復活戦」と題して綴られている。障壁となったのは〝神棚や仏壇を捨てる選択〟だった。

「天主公教会に入るには、先づ第一の条件としてその念じ来《きた》った神棚仏壇を下ろし今まで拝礼して来ったこれらの神々は、人間としての尊敬をするだけで、神として礼拝してはならぬ」

神は創造主ただ一人である。それ以外は同じ家の中に存在してはならない。しかし、当時のかくれキリシタンは寺の檀家であり、神社の氏子だった。即刻、下ろせと迫るが、手こずっている。徳川の禁教の時代は二五〇年以上も続いてきた。このため「心までもすでに神仏に愛着するようになっていたので、これはなかなか難事であった」と記している。

単なる「隠れ蓑」ではなく、親和的な関係ができあがっていたのだ。

仏壇は本尊と合わせて先祖の位牌を拝む祭壇だ。仏壇を捨てるということは先祖を捨てる選択につながる。それはできないと考える者が多かった。

島南部の山田地区のかくれキリシタン親子の逸話では、カトリックになる覚悟を固めた父は、早速、子が留守のうちに神仏を屋外に片付ける。だが、帰ってきた息子は「先に神棚仏壇を廃止するのはよろしくない」と、逆に父を説得し元通りにした。タイミングの悪いことに、しばらくすると、父の方が突然倒れて、数日後に死んでしまう。これに波紋が広がった。

「神仏の棚を下ろしてより程ない不幸であったから、この死はどうしても神仏の罰であるとして、一旦天主公教への入信を決心した者も大いに恐れ、その結果、山田のかくれキリシタンはそのまゝとなり、遂に少数の信者を除く外、祖先の血を流して信仰してきた天主公教信者となる恵みに浴し得ない」

しかも、寺や神社の指導者にしてみると、檀家や氏子がカトリックになると収入源を失うことになる。阻止しようと考えるのは想像に難くない。

カトリック教会からラテン語使いの日本人伝道師が派遣されてくると、僧侶や神職は慌てて本山に請うて雄弁家の僧侶を連れて「破邪演説会」を開き、でたらめにキリスト教を悪罵《あくば》した、という逸話がその後に続く。

北部の壱部地区では僧侶と謀《はか》った戸長がカトリック信者に対し「飲料水を汲む事はならぬ、親族の間柄といえども出入することはならぬ、船乗合を赦さぬ、同船して藻を採ることを得ず……」と、〝村八分〟の宣告を突きつける事態になった。

この脅迫には、さすがに平戸警察署長が割って入り、「信教の自由」を説いて撤回させた。法律的にはカトリックの勝利だが、教勢を拡大させるものではなかった。

生月では神道、仏教と親和的に結束したかくれキリシタン信仰に、カトリックがすっかりはねのけられてしまったのだ。

他宗教とここまで親和的なのはどうしてだろう。第一章で示したように、生月では一五九九年には全国より十五年も早く禁教が始まり、宣教師が不在になる。布教の初期の形態は年間行事も多い。中園学芸員が補ってくれた。

「生月では、禁教に即した信仰ルールの修正ができていないから、聖職者ありきの行事は立ち行かなくなる。例えば牛の牧野《ぼくや》のお祓いに神職に関わってもらったり、信仰組織のリーダーの決定に祈祷者に関わってもらうなど、信仰生活を続けていくには、対峙するのではなく、むしろ足りない部分を他宗教に補ってもらう必要があったと思います」

〝生月らしさ〟とは何か

カトリックの聖職者が復活を求めた際、生月では先祖が守ってきた信仰のかたちに誇りを持っていた。疑問の余地なく生き残ったのには、それなりの理由があった。

近世の行政史が専門の熊本大学の吉村豊雄《よしむらとよお》名誉教授の分析は、〝禁教は江戸の始まりから終わりまで均一に続いてきた〟という思い込みを解きほぐしてくれた。

「幕府にとってキリシタン弾圧が必要だったのは権力を確立していく、せいぜい十七世紀半ばまででした。そんな中、とくに地理的に閉ざされた空間の中では、村の代表者である庄屋も、信者でない人も、誰がキリシタンか当然わかっていて共存する関係が維持されていきます。お互いの日常生活はそれほど変わるものでもありませんから」

一六三七年の天草・島原の乱では蜂起した農民ら少なくとも二万七〇〇〇人が全滅したが、鎮圧側の幕府勢も十三万人もの動員を余儀なくされ、六〇〇〇人ともいわれる犠牲者を出した。幕府は乱の間に鎖国体制を確立するが、これ以降、キリシタンは政権を揺るがす脅威ではなくなる。つまり信徒を根絶やしにする政策は、必要なくなってくる。

キリシタン信仰が続いていても、あえて大規模な摘発はせず、村落経営を成り立たせる方が優先された。〝国内にキリシタンはいない〟という建前さえ成り立てばよい。表通りで十字架を切ってくれるなよ、という感覚だ。禁教が全国より十五年早く始まり、閉ざされた離島という条件を持ち合わせた生月では、この傾向はより顕著に見られた。

ただし、似通った条件にありながら、大半が復活を選んだ地域もある。天草である。

幕末が近い一八〇五年（文化二年）、天草下島西南部の崎津や大江の集落では、見せしめとして五〇〇〇人以上にも及ぶ大規模な摘発がなされた（天草崩れ）。ただし、摘発に際しても「キリスト教徒はいない」という建前を守るため、得体の知れない信心、という意味の「心得違い」という判決が下された。

事実上の無罪ではあったが、これが天草の信徒の宗教心理に微妙な影を落とした、と吉村教授はいう。

「無罪とはいえ、やはり緊迫した取り締まりですから、信者は克明に信仰内容を供述しています。事件後にキリスト教徒は、これを悔いながら毎年踏み絵に足をかけ、〝異宗の信者〟とレッテルも貼られた。

この事件以降、彼らは心の中で、『もう以前のような地域の共生関係には戻れない』という孤立感を深めたのではないでしょうか」

事実、それから六十年後の明治になって、崎津と大江では一気にカトリック改宗が進んだ。〈私たちは〝異宗でなくキリスト教徒〟なのだ〉と声を上げるがごとく、外からやってきたフランス人宣教師の指導に応じていった。多くの信徒が改宗せず、伝統の信仰の継続を選んだ生月とは対照的だ。

生月は離島だから「地理的に閉ざされた空間」という条件は天草と共通するが、地域にくさびを打ち込むような事件がなかった。伝来の信仰を続けることに居心地の悪さはない。むしろ、仏教や神道と補い合って、生活に必要な行事や祈りを提供してくれるものに洗練されていた。

だからこそ、後の明治の信教の自由の時代を迎えても、〈私たちこそキリシタン〉と言い切ることができたのだ。

信仰は混ざり合ったのか

長い禁教期の間に、神社や仏教とも垣根をこえ、おおらかに共生する宗教的な感覚。生月のようにとりわけ人の出入りが限られた閉鎖空間では、その地理的条件が〝温室〟のごとく作用して、共生関係は熟していっただろう。

徳川幕府の統治が安定し、禁教が緩やかなものになってからも、共生関係はキリシタンたちが生き延びるために必要だったと考えられる。

地域で一神教の教理をふりかざせば神社や寺と信徒を奪い合う関係になる。諍《いさか》いを起こして取り締まりの対象となれば、信徒も殉教するか棄教するかの二者択一を迫られる。

生月の信徒たちの家にはキリスト教の聖画だけでなく、仏壇と神棚も設《しつら》えられた。キリシタンが仏教徒にもなってくれるなら寺社はこれによって寄進を増やし、経営を安定化できる。お互いに譲り合うことで双方にウィン・ウィンの関係が可能になった。

取材を進めていると、共生関係を象徴するような証言も耳にした。

島中部の元触地区小場の元オヤジ役の田中弘隆さんによれば、信徒が亡くなったときに行うキリシタンの「お戻し」の行事をオヤジ役が済ませると、入れ替わりで連絡を受けた仏僧がお経をあげにくる。そんな段取りができていたという。

また、島北部の壱部地区岳の下の山下伸代さんによると、毎年十月頃にある「おとぼりゃ」という死者を弔うキリシタンの儀式がある時期は、仏式の法事も重なって大わらわになるが、儀式と法事は家庭内で役割分担をしながら行われていたという。「家の方では、お祈りできる男の人たちが集まってオラショ。お祈りできない親戚や子供は一緒にお寺のお墓に行って、和尚さんに拝んでもらって線香をあげている」

葬儀にしろ法事にしろ、こうして島のかくれキリシタン信徒たちの生活サイクルの中に、神や仏が並存しつつ、補い合いながら、役割を果たしてきたのである。

この信仰の姿を「禁教期変容論」（第四章参照）の宮崎賢太郎教授の言葉で表現すれば、「本来のキリスト教から大きく変容し、日本の伝統的諸信心と渾然一体となった」（『岩波キリスト教辞典』）と要約される。だが、ほんとうにそうなのか。

生月の行事を長年、観察してきた「島の館」の中園成生学芸員は、違う分析をした。

「亡くなった後の一連の時間の流れの中で、キリシタンの葬儀の一部と仏教の葬儀の一部が、交互に行われていくのです。整理して見ると、かくれキリシタン信仰で必要な行事をひと通り、仏教で必要な行事をひと通り行っているにすぎません」

つまり習合ではなく、並存している、という見方なのだ。

海が生んだ奇跡

現代の生月島で私は、いくつかの行事に立ち会い、オラショを聞かせてもらった。

だが、島の宗教行事は、キリシタン信仰だけではなかった。島の神社の祇園祭りの日には、団子を準備して多くの人が山車《だし》を引いていた。仏事であるお盆には、立派な御膳の支度のために家庭の女性陣が大忙しだった。それぞれを大真面目に、同じ地平で実践していた。

それを信徒が二十四時間、三六五日の中で実現するのは忙しく、お金もかかることだ。他のエリアのかくれキリシタンが勢力を衰えさせる中、なぜ生月だけがそうした営みを続けられたのか。

島南部の山田地区日草《ひぐさ》のオヤジ役、船原正司さんが「信仰と結びついた生業の風景」という言い方で生月の漁港の話をした。あの一言がヒントである。

船原さんはこうもいった。

「江戸時代の生月には捕鯨があり、明治以降はまき網漁業の一大拠点となった」

禁教が実行に移されてから一世紀ほどで始まった捕鯨は、益冨組《ますとみぐみ》という鯨組が生月に拠点を構えて年間二〇〇頭の水揚げがあり、最盛期の一八二〇年代には三〇〇〇人が従事した。

江戸時代の絵師、司馬江漢《こうかん》は十八世紀後半に島に来て、こう活写した。

「早朝からクジラ解きがはじまる。数十人が長刀のようなものをもってクジラの背にのぼり、切っていく。まず両あごを切りおとし、頭の上を切る。それから尾を切り、背を切り、両脇を切る。（中略）そしてろくろでその肉塊をひく。人は切った肉を納屋に運ぶ（中略）鯨の肉・骨を納屋の内にて数十人にて細かく切り、大釜に入れて油を煎ず（中略）油二〇〇樽、金にして四〇〇両なり」（『江漢西遊日記』）

主人の益冨又左衛門に挨拶にいくと妻はたいへん美人で娘も洒落《しゃれ》ていて髪は江戸風、と持ち上げるあたりは世辞もありそうだが、都会のおしゃれができるほど景気がいい。

戦後、生月の海の男たちは遠洋まき網漁業でサバやアジやイワシの群れを追った。まき網漁業は船団を組む。「灯船《ひぶね》（魚群探索船）」三隻、「網船」と「運搬船」が一隻ずつで「一か統《とう》」（漁船団）というが、これが「二十年前の九〇年代後半まで十八か統もあった」（船原さん）。直接の船員だけで約一〇〇〇人の男たちが生業に就いた。稼ぎ頭の父親がまき網漁や港湾建設に出ていくと、老いた祖父は島に残り、沿海の定置網であご（とび魚）やこれを追ってくるシイラを捕える。妻や祖母が農業の傍ら、宗教行事の台所を切り盛りした。これこそが、生月の信仰と生業が織り成した風景だろう。

まき網漁業は有力な政治家も輩出した。島南部の舘浦漁業協同組合の初代理事長を四十年以上にわたって務め、村議、県議と身を立てた金子岩三《かねこいわぞう》元衆議院議員（一九〇七年～一九八六年）は当選九回。第一次中曽根内閣で農林水産大臣を務めた。一九九一年に生月島に生月大橋がかかったことについて、生前の金子の力を疑う者は少ない。

漁業も農業も自然が相手だ。〝人間の力ではどうしようもない〟という条件で物事が決まる分野ほど、宗教は頼りになる知恵だ。神に祈ることで解決するかどうかではなく、先の見えない不安を少なからず解消できるからだ。

漁業では海上の天候は船員の命を左右する。農業でも、干天を恐れ雨を必要とするのは当然だが、朝鮮半島から吹きつける季節風も難物で、荒れれば作物の受粉にも影響した。

船原さんによると、新造船が竣工すれば、船主が必ず信徒を伴って殉教聖地の中江ノ島を三度ほど回り参拝し、「お水取り」のお祈りをした。二〇〇一年までは、台風シーズンを前にした六月に「風止めの願立《がんた》て」、その終わりの十月に「風止めの願成就《がんじょうじゅ》」という儀式で「お水取り」をしたかくれキリシタンたちは、山手にある自分の集落に戻る前に有力な仏教徒の網元の家に立ち寄り、儀式を執り行うことになっていた。

漁業から上がる収入が金のかかる生月の信仰を支え、逆に漁業の方も「聖水」が持つ力を頼みにした。自然相手の生活に役に立つなら、かくれキリシタンも、仏教も、神道も、競合関係ではなくなっている。

「島の館」の中園学芸員は、二〇一八年三月に上梓した『かくれキリシタンの起源』

で、この宗教と経済生活の全体像を整理している。

「禁教時代以降、恵まれた漁場環境のなか活発に行われた捕鯨、定置網、巾着網などの水産業を核に、周辺の農村地域がそれらに資材や労働力を供給する形で地域経済圏を形成し、それに依存する形で集落や家などの社会単位を維持し、宗教や信仰を存続させてきた。（中略）信仰構造の存続も、漁業を基幹とする強力な経済力があってはじめて可能だった」

キリスト教をめぐって振り子のように、壊して、壊されて、という応酬が続いてきた。この文脈の中で、生月の「共生の信仰」というものを捉え直してみると、「転び者の信仰」どころか、もっとダイナミックな〝化学反応〟の産物に見えてくる。

二五〇〇年以上続いた禁教期に信仰を守り続けた人たちがいた。大浦天主堂での信徒発見によるカトリックへの復活が〝奇跡〟なら、壊し合いの連鎖から解き放たれ、豊かな海によって育まれた信仰の共存も、〝もう一つの奇跡〟ではないだろうか。

ただ、現実には、生月の〝奇跡〟は、決して高い評価を与えられているわけではない。

「長崎と天草地方の潜伏キリシタン関連遺産」では、最初の復活の現場である大浦天主堂はもちろん、外海地方も、天草の崎津も、潜伏から復活を選んだエリアは十二の構成資産に入った。一方、源流の信仰を現在に伝える生月島は、すっぽり抜け落ちた。遺構の不在はさておき、生月の信仰の扱われ方には、釈然としないものが残る。やはり「禁教期に変容したものだ」とする、カトリックの見方と向き合ってみる必要がある。

「変容」か「凍結保存」か

禁教が解けた日本にやってきたカトリックは、二五〇年以上にわたって脈々と受け継がれてきたかくれキリシタンの信仰を〝奇跡〟とは捉えなかった。〝日本人が土着の民俗宗教に変えてしまった〟と位置づけるのが、これまでの主流派だ。

第一人者である長崎純心大学の宮崎賢太郎客員教授は、禁教が解かれて以降のかくれキリシタンを「隠れてもいなければキリスト教でもない」として、「カクレキリシタン」と表現していることはすでに述べた。

一九九九年の県の調査報告書「長崎県のカクレキリシタン」の総説で宮崎教授はこう記している。

「（かくれの）神を捨てることを躊躇させる最大の原因は霊のタタリに対する恐れであ

る。そこにはキリスト教の一神教の世界観は全く見いだされず、きわめて日本的な汎神論的霊魂観念が深く存在している」

「かくれキリシタン」の信仰は、先祖が大事にしてきたものをそのまま継承するものであり、信仰をやめれば霊が祟《たた》りを起こしてしまうかもしれない。その畏れのために「かくれ」から「カトリック」に戻ってこない。それは日本独特の〝霊魂観念〟のせいだ――。

その論理の前提には、かくれキリシタンの信仰が「キリスト教的世界観からすでに遠いものに変容してしまった」という宮崎教授の認識がある。「呪物信仰」「祖先崇拝教」とも表現して、キリスト教との区別を強調している。

「呪物信仰」も「祖先崇拝」も、形而上学的な教義をいただく〝高尚な宗教〟に比べれば身近な崇拝対象を拝む、原初的なものを表す表現だ。

宮崎教授は二〇一四年に発表した『カクレキリシタンの実像』の中で、生月の信仰で唱えるオラショにその「変容」の具体例が読み取れる、と指摘した。その一例として挙げたのは、大正期以降に初めて文字としてノートに書き取られたオラショの用語表記だ。

例えば、ラテン語で神を意味する「デウス（Deus）」には「出臼」という漢字があてられている。ポルトガル語で神の子であるキリスト（救世主）を意味する「フィイリョ（Filho）」に「肥料」、「サンタマリア（Sancta Maria）」に「三太丸屋」、洗礼を意味する「バウチズモ（Bautismo）」に「場移り島」、「クロス（Cruz＝十字架）」には「黒須」といった具合だ。

これらはキリスト教の最重要用語にもかかわらずあて方がデタラメで、原意からは想像もできないほどにかけ離れたものに〝変容〟している、と主張する。二〇一八年二月に刊行された『潜伏キリシタンは何を信じていたのか』の中でも次のように記している。

「父なる神〈デウス〉のことをほんのすこしでも理解していたら、〈出臼〉という漢字を当てることは絶対にしなかったであろうし、ましてやキリストを意味する〈フィイリョ（Filho）〉に「肥料」はありえない。（中略）真の信仰伝承の証明となるには、オラショの言葉を正しく理解して唱えていたことが明らかにされねばならない。現代の広い知識を持ったわれわれに理解できるからといって、彼らも同じように理解できていたものとつい思い込んでしまいがちである」

これには反論が存在する。平戸市生月町博物館「島の館」の中園成生学芸員だ。中園学芸員は宮崎教授とほぼ同時期の刊行となった『かくれキリシタンの起源』で、

「慶長五年（一六〇〇）に刊行された『おらしよの飜譯《ほんやく》』（中略）の文句とこんにち生月島のかくれキリシタン信仰で唱えられている同じ祈りの文句は、若干の転訛《てんか》や欠落はあるもののほぼ一致する」と主張している。

『おらしよの飜譯』は、外国人宣教師たちがまだ日本で活躍していた頃、熱心な信徒によって発刊されたテキストだ。そして十六世紀の宣教師報告にある伝道の光景を引用しつつ、次のように指摘する。

「（布教の当時から）オラショは文句の意味を一句一句理解する形で覚えるのではなく、丸暗記されていた。（中略）本来、教義などの〈意味〉を伝えるものではなく、信者が神と〈繋がる〉ためのものだからである。（中略）言葉を発することはすなわち、意味を伝えることだという近代人の発想から離れて、オラショを捉え直すことが必要なのである」

このためオラショノートの漢字のあて方についても問題ではない、という。

「（布教期の）キリシタンの一般信者は、オラショをその文句の意味をいちいち咀嚼しながら唱えるのではなく、呪文のように唱えていた。そのため、例えば信者がオラショを書き取った〈オラショ本〉に、読みは同じでも本来的な意味とは異なる漢字があてられていたとしても驚くに当たらないし、それを以って変容だということにもならない」

むしろ、オラショの文言そのものの異同に着目するのだ。

その検証プロセスは多岐にわたるが、一例は「ケレド（credo）＝使徒信経」と呼ばれる祈りの文句である。

まずは一六〇〇年刊行の『おらしよの飜譯』の「ケレド」の冒頭部分。

〈萬事かなひ玉ひ天地をつくり玉ふ御おやでうすと。その御ひとり子我等が御あるじぜずきりしとを　真にしんじ奉る〉

これと比較するのは、一九五二年に故・大岡留一氏が自費出版した生月島の信仰の記録である『旧キリスタン御言葉集』の「ケレド」。

〈万事に叶い給う天地を造り給いておの親でーうすの其の御一人子我等が恩なるぜずキリスタ眞な信じ奉る〉

現代人には読みづらいこの二つを読み上げる音で比較してみると、あてた漢字の違いこそあれ、ほとんどそのままのかたちで文言が踏襲されていることがわかる。

さらにカトリックが用いた一九四八年版の『公教会祈祷書』と対比する。

〈われは、天地の創造主、全能の父なる天主を信じ、またその御独り子、われらの主イエズス・キリスト、すなわち……〉

我われにはこの方が読みやすいが、少なくとも前二句とは違う言葉運びである。このようなギャップが生じる原因について、中園学芸員は「宣教師の不在」を挙げる。〈禁教時代になると（略）宣教師がいなくなり、オラショを印刷した書物の所持もできなくなる。そのため残された一般信者は、オラショの文句のどこをどう変えてよいか分からず、従来唱えられてきた文句を忠実に継承することしかできなかった〉

もちろん、伝え間違ったり、忘れたり、抜け落ちたりすることを否定しているわけではない。教義に通じた宗教指導者がいれば、訛りや誤読を適正化できるばかりか、根本的な教義に照らして祈りの形式や礼拝の方法について、状況に応じ変化させることもできたはず。だが、その可能性が「宣教師の不在」によって失われていた、というのだ。

布教活動に終わりはなかろうが、キリスト教伝道に関しては、日本はザビエルの最初の上陸からわずか一世紀足らずで宣教師がいなくなるという挫折を迎えた。その挫折がそのまま〝凍結〟され、現在に伝承されているという理解である。

生月には節のついた「歌オラショ」が残っている。

「らおだて」「なじょう」「ぐるりよーざ」として残っている三曲がそれぞれ、〈Laudate〉〈Nuncdimittis〉〈O gloriosa〉という、中世のイベリア半島で歌われたグレゴリオ聖歌に原型があることが音楽史家の皆川達夫氏によって実証されている。イベリア半島では一連の聖歌は十七世紀になって別の系統の聖歌にとって代わられ、今では歌われていない。

つまり、この「聖歌」は二五〇年以上、禁教下にあった生月だけに残っているのである。まさに奇跡的な事例といっていい。

変わったのは「カトリック」の方で、もとのまま信仰を守ってきたのは「かくれ」の方である、という見方もできるわけだ。なにしろ、残された信徒にとっては、その時点で手元に伝えられた道具と方法で愚直に信仰を保存して継承するほかは、なかったのである。

宮崎賢太郎との対話

信徒の伝承の果実が、後世の研究者から「もはやキリスト教ではない」と断じられてしまっては、殉教者たちは一体、何のために殉じたのか、という無力感に襲われてしまう。

消えかかっているかくれキリシタンの信仰について宮崎教授は「古くなりサイズも合わなくなった一枚のシャツを脱ぎ捨てるにすぎ」ない（『カクレキリシタンの実像』）

と、記している。表現にこめられた意図は何なのか——。

二〇一七年夏、私は話を伺いに行くことにした。

大村湾は北端が一筋だけ外洋に向け開けているものの、「ほとんど湖」である。ドーナツ状の半島に囲まれた湾の一隅の小島が長崎空港で、一九七五年（昭和五〇年）に開港した当初は「世界初の海上空港」と呼ばれた。

この空港と市内を結ぶ長崎自動車道。そのちょうど半分くらいのところで降りると、港町に出る手前の山腹に長崎純心大学があった。宮崎教授の自宅も遠くない。イタリアへの出張から帰国したばかりだったが、快く迎えてくれた。

——**生月島の津元の活動が下火になってきています。**

「正直なところ、この二十一世紀の世界でよく続いたと思いますよ。信者の中にはできれば続けてほしいという人もいるが、大半の人は何をやっているかもわからないオラショを伝えていく負担にもう耐えられないと本音では考えていたと思います」

古びた信仰はもはや時代にそぐわない。宮崎教授がそう見てとる根底には、生月の信仰が「日本のどこにでも存在した祟り信仰の一種」との認識があるからだ。

「生月の人たちには先祖がやってきたものを受け継ぐのが子孫としての務めである、

という意識があった。それは嘘ではないが、むしろ信仰をやめて聖画や道具などの御神体が残っては祟りが起きると信じられてきたことが大きいと思います。本音では、八、九割の人はやめたがっていた。実際に、信仰の大黒柱だった人がやめると蜘蛛の子を散らすように多くの人が一斉に信仰を去ったんですよ」

——それは受け入れざるを得ない現実と理解すべきだ、と？

「先祖を大切にする方法は、仏教や神道にもある。カクレ信仰だけを残す必然性があるわけではない、と思っています」

三十年も研究テーマにしてきた対象の〝喪失の運命〟に対して、宮崎教授がここまで屈託がないことに私はやや戸惑うが、とにかく、〝本題の論点〟に入らなければいけない。

——宮崎教授の「禁教期に変容した」との立論には、「むしろ布教期の信仰形態を保存したもの」との反論もあります。

「私は信仰というものは、教義の中身に本質があると考えています。生月の信仰はたしかに信じられないほど愚直に守られているが、教義の中身については、信じられないほど理解されていなかった。〈イエス・キリストの磔刑によって人の罪が贖われ救済される〉という教義があることを知っている人はほとんどいません。

だから中世のオラショがそのまま残されているだとか、すでに失われたはずのグレゴリオ聖歌が残っているからといって、〈敬虔なるクリスチャンが多数生まれ、その信仰が受け継がれている〉と理解されるのは問題ですよ。それはロマンチックだが、〈実像〉ではありません」

たしかに一部に神話がある。私も、美しい歌に過大に神話的なイメージを抱いていた。

悲壮な殉教秘話に、人は酔いがちだ。だがそれは信徒のせいではない。

信徒が「教義を理解していなかった」、あるいは信徒が「教義を変容した」というならば、〝いつ変容したのか〟である。カトリックも変化をしてきた。尋ねてみるしかない。

——いつの時代のどのような変容が信仰の本質を歪めたと？

「今の私の考え方は、布教された最初から、教義について全く理解されていなかった、というものです」

おや？　と拍子抜けしてしまった。一九九九年の県の報告書（「長崎県のカクレキリシタン」）や二〇〇二年の『岩波キリスト教辞典』で宮崎教授は江戸期の「潜伏キリシタン」と明治以降の「カクレキリシタン」を分けて、後者がより変容をさせたと定義していたと思っていたからだ。

ところが、宮崎教授の回答は、布教当初から「変容したキリスト教だった」という。たしかに、昭和三〇年代に調査にあたった宗教学者、古野清人も「キリシタンは初期から天地創造の唯一神について十分に習熟していなかったのかもしれない」と述べていた（『隠れキリシタン』）。こうした考えにシフトしたのかもしれない。宮崎教授は、続けた。

「宣教師の教えに長期間接し、教えを聞くことができたごく一部の武士層や知識を持った層には理解されたかもしれませんが、大部分を占める民衆層で教義を理解できた人はほとんどいなかったと見ています。

キリスト教をひとまず〈一神教〉とするならば、神道や仏教を〝敵〟と見なさなくてはならない。さらに神仏を大切に拝んできた、いちばん大切なご先祖様も〈神の被造物〉になって神格性は失われ、一度否定しなくてはならない。それができたかといえば、それは明確にノーといわざるをえません。そうした信仰教育は、なされなかったのです」

ちょっと待ってほしい。最初から理解できていないならば「潜伏キリシタン」と「カクレキリシタン」などと定義を分けて、ことさら後者を「変容した信仰」という必要は、もはやないではないか。前述の古野もそうした使い分けはしていない。

完璧な知識を持った聖職者の立場から「キリスト教と呼べるかどうか」を判断すれば、日本のキリシタン史からおよそ信徒などというものはほとんどいなくなってしまう。

宣教師の報告には熱心にオラショを暗記している子供たちや苦行の鞭を用いて回心に励む信仰熱心な日本の民衆の姿が記録されてもいる。

――じゃあなぜオラショを覚え、殉教もしたのでしょう。

「オラショを覚えるのは、信仰に目覚めたからというより、宣教師が持っているメダイのような〈呪物〉がほしかったから。熱心に拝んだ人に宣教師が褒美にくれたのです。

日本人の宗教心理にはそうした〈よくわからない秘密めいたもの〉をありがたがる傾向があって、遠い国からやってきた神様のものだから、より効き目があるように見えた。そうして手にいれた信仰を捨てることを拒んで殺され、殉教してしまうのは、そういう恐ろしい神様を捨てたら、大きな祟りがくると考えたからです。

中江ノ島の殉教者が『ここから天国は、もうそう遠くない』と言い残したとパジェスは書いていますが、本当でしょうか。そもそも藩役人の船に乗っている受刑者の言葉を、一体誰が記録したというのでしょうか。あとから創作された話だと考えた方が自然ですよ」

そして最初の主張に戻るのだ。

「そして潜伏期に入ると、ますます宣教師を通じた教理の伝達は難しくなり、キリシタンという神様の不思議な力への信仰より、先祖が大事にしてくれたものだというものになり変わった。キリストでもマリアでもなく、何かわからないキリシタンという名前の何かを粗末にしたらバチが当たるからやめられなかったのです」

〝潜伏期から変容〟ではあるが、さらにその後も〝もっと変容〟なのだ。

カトリックの不都合な真実

たしかに、かくれキリシタンについて、現代的解釈に都合のよい題材で検証なしに語るのは適切ではない。権力者からの命に従い、一斉改宗に付き合わされた民衆は多かった。

だが、その後の信徒まで〝呪物ほしさで信仰に近づき、信徒になったら祟りを恐れて捨てられない〟という行動原理だけで一般論として広げてしまうことに違和感がある。なぜならば、それでは自らの意思で行動している人間はいない、ということになってしまう。すべては損得勘定に流される受動的な人間だということになる。

日本におけるキリシタン史の初期から禁教令が解かれるまでの間、殉教者は少なくとも四万人にのぼるといわれる。それほどの数の人間が、同じように「教義理解ほぼゼロ」で命を賭したというのは、私には理解できなかった。

たとえそういう信徒が多くいたとしても、得心がいかなかった。むしろ戦後生まれの信徒たちの中に、そうした「受け身」ではない前向きな姿を感じていたからだ。

そもそも、「よくわからない秘密めいたものをありがたがる」のは、受け手の日本人だけではない。カトリックは布教活動の中で、「秘密めいたミサ」を信徒に提供していた。

その典型がカトリック教会の「ミサの典礼」である。

一九六二年、第二バチカン公会議が開かれた（六五年まで）。世界五大陸から代表者が集まるという歴史的な公会議で、多くの教令が出された。その最大のものは、典礼の改革だ。それまでカトリックのミサは十六世紀半ばに開かれたトリエント公会議の決定に従い、難解なラテン語で行われてきた。意味を理解するのは教会の指導層ら一部だけで、ラテン語を解さない世界のほとんどの信徒にとって、よくわからないものであった。

カトリック中央協議会の典礼委員を務めた南雲正晴司祭はこう述懐している。

「約四百年間のミサ典礼は、そこに信徒が参加していても、すべては聖職者中心で行われていました。大事な箇所ほど、〈どうせラテン語だから、大きい声で祈っても誰にも分からない〉と言わんばかりに、小さな声でゴソゴソやっていました。（略）いつの間にか祭壇は壁につけられ、司祭は信者に背を向けてお祈りをするようになりました」（『講演集　第二バチカン公会議と私たちの歩む道』）

宮崎教授も両親が復活キリシタンの系譜の家庭に育ち、生後三日で幼児洗礼を受けた、という。高校生の頃には剣道部の練習で疲れているのに日曜日に教会に行くのが苦痛だったというが、遠藤周作の『沈黙』が描き出した殉教の世界観に衝撃を受けて、宗教学の道に進んだそうだ。

宣教師の古文書と向き合う研究の日々の中で、日本独特の宗教センスでキリスト教を受け入れた生月島の「いきいきとした信仰」に惹きつけられてきた、という。

日本のキリスト教布教を問い直す魅力を秘めている、と。

ならば、消えていかないように手を尽くせないものでしょうか――。そう訊くと、宮崎氏は首を振った。

「ほかの日本のあらゆる習俗が消えゆく中で、カクレキリシタンだけ永遠に残るということは考えられない。消えてゆくのは仕方がない。行政が関与すれば見世物にすることになります。宗教だから、そこになんらかの魂が入っていなくては、保存する意味もない」

――先代やその先代がやってきたことを学び、かくれキリシタン信仰の大事な部分を選び取りながら、できることを続けようと努力している人たちはいます。

「それは尊いが、現実には続かない。これまでやめたいのにやめられないできたんです。行事ができなくなり、やっと解放されるところで、まだやれというのは余計なお節介です」

たしかに、私は通りすがりの記者に過ぎない。今、自分のできることをやろうとしている人はいるが、それはここで語りあっても仕方のないことなのかもしれない。

「三位一体」の意味

宮崎教授は「三位一体の神なんて布教期ですら全く理解されていなかった」と述べた。

たしかに難しい概念だが、実際はどうだったのだろう、と想像した。

島北部の壱部地区岳の下の行事の際、四十分のオラショを録音させていただいた。四十近いタイトルの祈りは長短あるが、半分以上は「ケレド」の祈りのように、日本語の単語ないし短文が聞き取れる（だからといってそのすべての意味がわかるわけではない）。だが、意味が全くとれない音声が五分近くも持続する祈りもあった。

人には人の呼吸のリズムがある。おそらく日本人には日本人のリズムがある。祈りを吐き出す間に息継ぎが入り、吐き出しと吸い込みには一定のリズムがある。黙って目を瞑《つむ》って聞こえてくる〝音〟に身を委ねていると、心が鎮まっていくのを感じる。

逆に内容の一半だけでも捕まえられないだろうか。意識的に再生していると、「日本語として意味のわかる祈り」と「ポルトガル語かラテン語がもとになった祈り」、そして「その二つが結びついた祈り」という三種類があるのが、なんとなく分別できた。

この「ポルトガル語と日本語が結びついた祈り」は、生月の信仰の特徴の一つだろう。

例えば、土肥さんのオラショの前段部分に出てくる次の祈りのくだり。

〈でうすぱーてろひーりょうすべりとさんとのみつのびりそうなひとつのすつたんしょーのおんちからをもって、始め奉る〉

そのままでは何をいっているのか、さっぱりわからない。

だが、先行研究を参考に分解してみると、次のように切り分けられるのだ。

「でうすぱーてろ」＝Deus Padre＝父なる神
「ひーりょう」＝Filho＝子
「すべりとさんと」＝Espírito Santo＝聖霊
「みつの」＝三つの
「びりそうな」＝persona＝面
「ひとつの」＝一つの
「すつたんしょー」＝substantia／substância＝実体

分解した単語の意味を組み立て直して再読すると、どうだろう。

「父、子、聖霊の三位一体の(神の)力を以って、始めます」という意味の表現になる。

よくよく考えてみると、この短いセンテンスの中に十六世紀の布教時代のリアリティが詰まっているように見えてきて、私は背中にゾクゾクとした好奇心が走るのを感じた。

「父、子、聖霊の三位一体の神」というのはもともとややこしい概念だ。天の神様、その神様が人のために遣わしたイエス・キリスト、そして神の力が信仰を持った人に宿る聖霊。このいずれも、神の三つの現れで、そもそも一つのものなのだという考え方だ。布教時代、そもそも一神教の考え方のない日本に、「三位一体」というキリスト教義の根本概念を伝えることはさらに難しかっただろう。

ただこうして見ると、単語に分解し、受け手側の日本語にある言葉一つだけでも翻訳をし、理解しやすいようにするにはどうしたらよいか、と心を砕いている節も見える。

宣教師が去った後にも祈り続けた人たちの言葉は、訛りを生じ、日本語と外国語の境目もわかりづらい。意味を消失したのっぺりした音の連なりにしか聞こえない、という指摘は、一部あたってはいる。でも、土肥翁は「こうじゃなかと感じるところはある」といった。先人の〝信仰精神〟のような何かを感じながら伝えられてきた、と私は思うのだ。

第七章

バチカンからの視線

「橋を渡すことでなく壁を造ることだけを考えている人はキリスト教徒ではない」大統領候補としてドナルド・トランプが頭角を現していた二〇一六年二月、ローマ教皇フランシスコの発言が喝采を浴びた。二十一世紀の〝暴君〟をいさめるメッセージは、「分断」でなく「結束」であった。「分断」の境界線なら長崎にもある。

バチカンは、かくれキリシタンと日本のカトリックの間に横たわる〝ミシン目〟をどう見てきたのだろうか。

「神の民の一員」

他宗派からカトリックのもとに復帰させることをカトリックの言葉で「帰正《きせい》」と表現する。正統なのは唯一のカトリック教会である、という意識が埋め込まれている。教勢拡大を考える節目ごとに、かくれキリシタンは常に「帰正」の第一の標的と目されてきた。

バチカンから生月島の信仰へと向けられた「目線」を追いかけていくと、また別の問題が浮かび上がってくる――。

カトリックの総本山であるバチカン市国は、人口は八〇〇人に過ぎないが、元首であるローマ教皇は十三億人近くいるとされるカトリック教徒の精神的な支柱である。

この現教皇フランシスコ一世の発言が日本の信徒に波紋を広げたことがある。

「偉大なことです。彼らは孤立し、隠れていましたが、常に神の民の一員でした」

二〇一四年、朝日新聞（三月二十六日付、朝刊）は「キリシタンに脚光 バチカンで法王『弾圧耐え信仰守った』」と見出しを打った記事で、この年の一月十五日に発せられた教皇のスピーチを紹介した。さらにバチカンの公式見解を伝える日刊紙が一面でこの発言を取り上げ、「日本のキリスト教徒に学ぼう」と報じたことも触れた。

フランシスコ一世はザビエルと同じイエズス会出身で、前年十二月に教皇位に就いた直後である。若い頃に日本での仕事を希望したことで知られる「親日の教皇」の発言だけに、一部のカトリックの中には、「ぱーぱ様は、かくれキリシタンを〈一員〉っていうたとね」と、偏見を持って見られてきた現代のかくれキリシタンの存在を再評価する呼びかけとして受け止めた人もいた。

たしかに翌二〇一五年は「信徒発見一五〇年」という節目だった。「カトリックのもとに一致しよう」と、改めて発信する理由にはなりそうだ。

とはいえ、教皇の真意はよくわからない。

一九二七年（昭和二年）に早坂久之助が日本人初の司教として長崎教区長に就いて

以来、長崎の指導は日本人の司教に委ねられている。

大企業でも官庁でも、本店と支店で見方が食い違うことは少なくない。同じ教団とはいえ、いつまでも復帰しないかくれキリシタンの存在を身近に感じている長崎大司教区と、教皇がいる総本山・バチカンでは、見えているものに温度差が生じていてもおかしくない。

そもそもバチカンは、現代に十六世紀の形態を保存している信仰組織が残っていることをきちんと認識しているのだろうか――そう考えて調べ始めてみると、明治のキリシタン復活の流れが落ち着いた後の第二次大戦後も、バチカンは、生月をはじめとしたかくれキリシタンに強い関心を抱いてきたことがわかってきた。

そしてバチカンの最高幹部が自ら、信徒の集団改宗に乗り出すという〝最大の山場〟を迎えるのは、敗戦から四年後、まだ日本が占領統治下にあった頃のことだった。

〝聖腕巡礼〟の熱狂

聖人ザビエルの渡日四〇〇年にあたる一九四九年の梅雨、日本はかつてない「カトリックフィーバー」に包まれた。その熱気の陰に、消された事実があることを知る人は少ない。

私がそれに気づいたきっかけは、異才のキリシタン研究者、田北耕也の文章だった。じつに七十年前、一九四九年六月二十六日付のカトリック新聞に「日本の教化」と題して、蟻のように小さな文字でコラムの筆をとっていた。

「カトリックへの帰正をすゝめるため、五月三十日平戸島西方生月島の元帳代表ら六名を招き、早坂久之助、山口愛次郎の両司教（教区長）、里脇浅次郎師（次期教区長）が立会い浦上の純心学園でローマ教皇特使ギルロイ枢機卿との会見を行わせた」

「元帳」とは、信仰組織である津元のオヤジ役のことだ。なんと、生月島の有力なオヤジ役たちが教皇特使と面会したというのだ。

枢機卿といえば教皇に次ぐ最高位の聖職者である。後で知ったがノーマン・ギルロイはシドニー大司教で戦後復興期、日本のカトリック再興に役割を果たした人物だった。当時、世界人口の十七％、四億人の信徒を数える最大の教団だ。その指導部で〝閣僚〟にあたる人物が、日本の辺境にある小さな島の農家の男たちに会うためにわざわざ海を越えてやってきたというのだ。やや非現実的にも見える構図である。

しかも驚くべきことに、ギルロイは、教皇ピオ十二世の親書を携えていた。

「ギルロイ枢機卿は『かつてのザベリオと同じようにローマのパパ様は同じ愛同じ信

仰によるものをカトリックに一致させるよう私を遣わしました』と教皇の親書を披露、早坂司教も『祖先の信仰カトリックにもどりなさい』とやさしくさとした」（前出「日本の教化」）

なんと教皇の代理として、生月の信仰組織ごと改宗に応じるよう諭したというのだ。

田北のコラムは、明らかに違和感が残る書き方をしていた。前半の三分の一はギルロイ枢機卿と生月の信徒代表の面会の事実を扱っているが、この引用部分までで、この件に関する記述は唐突に終わる。残る後半の三分の二で説得に対して生月の人々が応じたかどうかの顚末が続くのかと思いきや、顚末は書かない。代わりに、「本稿は生月の布教についての話」とだけ記して、次の文から、生月で布教に携わった無名の神父の秘話に転じてしまう。一体、なぜこのような高位の聖職者が生月の信徒と面会することになったのだろうか。

そして田北は、この不可解なコラムを通じ、何を伝えようとしていたのだろうか。

――疑問が相次いで浮かんできた。

コラムが掲載されていたのはカトリック新聞の最終面である。現場写真もなく、見出しも「日本の教化」だけで、よく読まなければ内容はわからない。だが、反対側の一面に目を通すと、トップ記事は、田北のコラムにも登場する教皇特使のギルロイが日本を去ると大きく報じている。

こちらには写真がついており、帽子をかぶりスータンに身を包んだ十人ほどの聖職者が記念写真風にファインダーに収まっている。「明治神宮外苑における聖フランシスコ・ザベリオ日本渡来四百年記念式典を終えた教皇特使とその随員」とキャプションがある。

ギルロイが来日したのは、一五四九年に宣教師ザビエルが上陸してから四〇〇年という大きな節目だったからなのだ。

カトリック新聞には、ほかに生月の島民と枢機卿の面談の顛末を書いた記事はなかった。前の週も後の週も見たが成果はなかった。奇妙なことである。

特使ギルロイは日本に二十日足らず滞在して、この写真の六月十二日に日本を離れていた。この滞在期間を含む前後二か月の間のカトリック新聞は、全国を行脚したザビエル記念巡礼団に沸く熱気で、紙面が埋め尽くされていた。

同時期の一般紙も開いてみると、宗教者に限らず、日本中がちょっとしたフィーバーに沸いていた。地元長崎日日新聞も一月から毎週のように「ザベリオ師　日本の足跡」とか「近づく世紀の祭典　日本一の大教区地へ」と大きな特集記事を組んだ。「浮ぶ移動ホテル　金剛丸を振当てるか」という記事もあった（二月二十一日付、長崎日日新聞）。殺到する観光客のために、三菱長崎造船所では貨客船三隻を二〇〇人から五〇〇人を収容する〝豪華客船〟に改造する工事が急ピッチで進められていた。

ギルロイ来日の動機は、当時の資料をめくっているうちに次第にわかってきた。直接の目的は式典だが、表裏一体で敗戦に沈む日本の国民にカトリックを根付かせる好機と捉えていた。

例えば、一九四八年発行の『カトリック年鑑』（カトリック教区連盟刊）によれば、ギルロイは式典の三年前、一九四六年十一月にも来日し、原爆が投下された長崎や東京を視察。翌四七年には長崎、大阪、横浜に七人の司祭を送り込む手筈も整えている。

式典の経過についても触れておきたい。ギルロイを筆頭にアメリカ、スペインなど十か国を代表する七十五人の巡礼団は同行記者団を交え、五月二十七日金曜日の午前十時前に東京を出発し、翌日の晩七時に丸二日をかけて長崎に到着した。

この旅には、もう一つの目玉となる〝聖人〟が同行していた。「奇跡の右手」と呼ばれる聖人ザビエルの腕のミイラである。

十六世紀、日本を離れて間もなくザビエルは中国で病死するが、不思議なことに遺

ザビエル四〇〇年祭にあたって、浦上天主堂では荘厳なミサが行われた(上)。下写真は日本の信徒から熱烈な歓迎を受けたギルロイ枢機卿（写真 共同通信）

骸は腐食しなかった。肘から先の右腕部分は切断され、イエズス会本部があるジェズ教会に保管され、世界中の信徒から崇拝対象になっていた。

イエズス会司祭に捧持《ほうじ》された聖腕は、ザビエルの母国スペインやニューヨークでお披露目されながら空路、日本に持ち込まれていた。これが熱狂を呼ぶ源となっていく。

長崎の式典は、日曜日にあたる二十九日だった。長崎は人いきれに満ちた。

まずは復活キリシタンたちが建てた浦上天主堂。原爆の爆心地から五〇〇メートルの位置にあった自慢の双塔は吹き飛ばされ、正面の壁一枚と石像のみという惨状だったが、その前で行う荘厳ミサには三万人が集った。午後には「キリシタン復活」の象徴である大浦天主堂でもミサ。さらにギルロイと聖腕を抱えた長崎教区の山口司教は、三列乗りで花とモールで飾り立てられた特大オープンカーの先頭に陣取って、二十六聖人殉教地西坂公園へ――こうして分刻みで行事が進んでゆく。

ギルロイは〝細かい配慮〟も忘れなかった。

式典の翌三十日、ギルロイは被爆した放射線医学者でありベストセラー『長崎の鐘』の筆者でもある永井隆と対面している。永井は当時、もう立つこともできず、ミサに足を運べなかった。ギルロイはその日の朝、日本人司祭に聖腕を持たせて遣わし、自身も正午頃に訪ねた。友人のキリシタン史学者片岡弥吉が著した『永井隆の生涯』

によると、永井の方が遠慮して、ほかの疾病者も同席できるよう近所の浦上公民館で対面することになったという。予定にはなかったハプニングの訪問。聖腕を目のあたりにした永井は、

「多くの人に洗礼を授けられたことを思い、心から祈りをささげました。（中略）私の仕事も右腕だけしかできませんので、思わず私の手と見くらべました」

といって涙を流し、接吻したという。


巡礼団は翌三十一日から六月八日までの九日間は「ザビエル師の足跡をたどる聖務」で、鹿児島に始まり大分、平戸、山口などザビエルが足を踏み入れた地はもちろん、「デウス町」があった京都、二十六聖人が連行された堺……と布教時代ゆかりの地を漏れなく訪問した。名古屋、横浜を経て東京に向かう。京都ではなんと平安神宮御苑で府と市合同の歓迎式が行われている。一日で三都市をめぐる日もあるほどの強行日程である。

日本をキリスト教国に

日本のカトリック関係者の興奮は頂点に達するが、舞台を演出した一人は、ＧＨＱ最高司令官のダグラス・マッカーサーという熱烈なクリスチャンであった。

プロテスタント系の聖公会の熱烈な信者であったマッカーサーは「日本をキリスト教国にする」という使命感を持っていた。

歴史学者レイ・ムーア（米アマースト大教授）の『天皇がバイブルを読んだ日』（一九八二年）によれば、一九四五年十一月、マッカーサーはアメリカから来日していたプロテスタントの宗教指導者四人に対して「（日本の）精神的真空を満たせ。（中略）ただちに千人の宣教師を私のもとに送り込むのだ」と迫り、その数日後にはローマ教皇の日本への使節ポール・マレラ大司教に対しても全教会皆一致の強固なキリスト教精神で行動すべき、と述べ、「ローマ教皇にこのことを伝えてもらいたい」と発言したという。

そもそも、バチカンが遣わしたギルロイが復興半ばの日本を縦断してこれだけの日程を成しえたのは、当時のGHQのお膳立て抜きには考えられない。

最初に日本に降り立った場所はGHQが接収しオーストラリア空軍が管理していた岩国空港で、出迎えたのは英連邦進駐軍司令官である。到着して特別列車で向かった先は、東京のマッカーサーのもとだった。マッカーサーは声明を発表した。

「聖フランシスコ・ザビエルの日本来訪四百年記念祭は人類の精神発展の道程におけ

る一つの大きな宗教的里程標である。日本への最初のキリスト教導入であったということのみに止まらず、宗教の基本的考え方を広く人類すべてに及ぼそうという遠大な目標を持った点に最大な意義が存する」（五月二十六日付、読売新聞）

リップサービスではない。この時期に面会したロサンゼルス教会のマッキベン博士の証言によればマッカーサーは「日本に若い宣教師が来ることの急務を説いて一〇〇〇名の宣教師が日本に来れば、日本はキリスト教化できる」と述べていた。

マッカーサー研究の第一人者、袖井林二郎《そでいりんじろう》は『マッカーサーの二千日』の中で、キリスト者のために軍用機や専用列車など、占領軍だけが提供できる様々な便宜を図り、とりわけ宣教師を次々と日本に呼び込んだ事実を明らかにしている。

事実、一九四七年に三一五人だった宣教師は、七〇七人（四八年）、九八〇人（四九年）と急速に増員され、条約締結で日本が独立を果たす一九五一年までに、計二五〇〇人を数えた。「一〇〇〇名の宣教師」の公約を二倍以上も上回る有言実行ぶりだった。

さらに日本向け聖書を米国聖書教会に刷らせて積極的に日本に運ばせた。戦前は年平均十四万五〇〇〇冊に過ぎなかった配布数を、一〇〇〇万部に増やすよう要請した。聖書は軍の輸送機で運ばせてポケット判聖書連盟の協力を得て配られた。

生月の信徒たちへの集団改宗が持ちかけられたのは、こうして史上初の布教体制が整えられた時期にあたっていた。

消された「三十分の面会」記録

「信教の自由」どころか、時の権力者によってキリスト教化が強力に推し進められた時期に、バチカンから教皇の特使がやってきた。生月の信徒にとって、カトリックへの合流を選ぶには、これ以上ない〝舞台設定〟といえた。

信徒たちは、どう応えたのだろうか。

カトリックの公式記録には何も残されていないが、ヒントはあるはずだ。

教団のカトリック復興委員会がギルロイ枢機卿来日の二か月後に編纂した『聖フランシスコ・ザビエル渡来四百年記念巡礼』という記録誌がある。

ここに記されたギルロイらの日程によると、一九四九年五月三十日は前日の長崎での盛大なミサを終えた翌日でオフとなっている。

だが私は、小さな〝嘘〟を見つけた。まず、記録誌に書かれた日程にはこうある。

「午前中、雲仙国立公園で清遊／午後二時、雲仙出発、長崎へ／四時三十分、長崎発」

実際にはこの日、ギルロイが永井隆を訪ねていることは先ほど紹介した通りだ。ギルロイはこの日正午頃、浦上で永井に会っている。

それはつまり、「午後二時雲仙出発」の記録が事実と異なっていることを意味する。ここに何か消された事実があるのではないか。そう狙いをつけ、国立国会図書館で地元紙の一九四九年のマイクロフィルムを回した。「長崎日日」から入り、「西日本新聞」を探って格闘すること数時間——決して大きくはないが、一つの記事を見つけた。

「ギ枢機卿とかくれ切支丹　秘密の中に会見」

そう見出しに打った記事は、翌日の五月三十一日付の西日本新聞であった。フィルムの状態もよくないので、とりあえずノートに書き起こしてみた。記者が「秘密の中に」と書く以上は、発表なしの〝スクープ〟だ。

「秘密結社的組織をもち『かくれ切支丹』と呼ばれている長崎県下の離島、山奥の部落に残る約三万人の信者代表五島生月島医師陰里壽茂（五四）ほか十名はカトリック長崎教区のあっせんで三十日午前十時から約三十分間秘密裏に長崎市純心学園でギルロイ枢機卿と会見した」

場所は田北の記述と符合する。面会は午前十時から三十分間ということだから、カトリックが出した記録『聖フランシスコ・ザビエル渡来四百年記念巡礼』にある同日午前のギルロイの日程、「雲仙で清遊」は嘘ということになる。

写真の右側に並ぶ聖職者の中心に、ズケットという高位者だけに許された丸帽子姿のギルロイがいて、向かいに和服姿の女性が数人いる。信徒の女性たちの表情に笑みも見えるが俯《うつむ》き加減で、ギルロイの話に耳を傾けているように見える。

記事には「山口（愛次郎）司教が『ローマからお使いが見えられたので、何か尋ねることはありませんか』といってから、かくれキリシタンはつぎつぎと枢機卿や司教との間に一問一答を行なった」とあり、信徒とギルロイ側のやり取りが記されている。

信者A 先祖ならびに我われは表向きは仏教、裏ではカトリック信者だが、そのご利益は大きく、我われの島に起こる数々の奇跡はいま仏教を捨て転宗してもまた起こるか？

教区側 答えず。

「生月島には〝奇跡〟がある。カトリックにはあるか」と挑むような言い方にも聞こえる。カトリック側は〝道理〟を説いた。

早坂司教　弾圧のない今日、公然と拝んでもよいではないか。
信者B　先祖を祀る御堂がない。
山口司教　御堂はなんとかなりましょう。

弾圧がなくなったのだから隠れる必要はない、御堂をつくればいい、というのは宗教のことだけに着目するならば、筋が通っている。だが、宗教が生業と結びついた生月の信仰は、農業や漁業を通じた生活そのものの構造を根源的に切り替えることを迫られる。つまりカトリックへの合流は「御堂問題」ではなく、島の生活経済に革命を起こせと迫っているに等しい。ただ、ギルロイや早坂にその意識はない。
話が食い違ったまま、「改宗」の本題に移る。

信者C　いまのままかくれていても満足でローマからお使いがみえて転宗か否かを返答せよといわれてもすぐにはできかねる。
ギ枢機卿　現在転宗に反対の者は多いか。
信者D　われわれの信仰はカトリック教一つであるから反対者はわずかで近い将来

転宗することになるかも知れぬ。

会見は約三十分、かくれキリシタンはいつまでも感激していた。

——記事はこれで終わっていた。

やはり、カトリックの合流を選ばない、と伝えていた。この点はある程度予想していたが、気になる記述があった。枢機卿を沈黙させたのは、信徒たちが誇らしげに口にした「我われの島に起こる数々の奇跡」という言葉だ。これは何を指しているのだろうか。

「島の館」の中園成生学芸員に連絡をとって報告をすると、「面白いですね、それは。そういえば、壱部で戦前からオヤジ役をされていた大岡留一さんが、こんな物言いをしていましたよ」と、興味深い記憶を語ってくれた。

「かつて、カトリックの使者が来た。自分たちは紹介する人があって会いに行ったら、カトリックに戻らんかということをいわれた。でも自分たちの信仰はサンジュワン様、つまり中江ノ島で、自分たちの御誦《ごしょう》をあげると水が出るという奇跡を拝む信仰で、カトリックの者が拝んでも水は出ない。だからカトリックに改宗しようとは思わない、と伝えた。そうしたらカトリックの使者も『そうか』といって帰った」

中園学芸員はこういうと、「この話は何回か聞きました。ものすごく印象に残っていらして、生々しくお話をされていたから、きっとご自身もその場におられたのでしょうね」と付け加えた。

大岡さんはそこに同席していたのだ。そして、自分たちは中江ノ島を拝んで水が出る、という奇跡を大切にする信仰であることを伝えたというのだ。

バチカンの失敗

「純心学園の三十分」を記録した西日本新聞の〝スクープ〟によれば、生月島のオヤジ役たちは「サンジュワン様」信仰を理由に、改宗を断っていた。マッカーサーの強力なお膳立てがあっても、教皇の特使が来ても、カトリックへの合流を選ばなかった。その意味をどう受け止めたらよいのか――。

田北が「枢機卿がさとした」というところまでで筆の運ぶ先を変えた背景については、察しがついてきた。

明治以来、生月島に対しては、繰り返し布教の努力が払われてきた。ある意味で不毛にも映る取り組みのために、半生を捧げ、私財をなげうった神父もいた。挙げ句、バチカンの権威が直接足を運ぶという〝とっておきの一手〟を出したのに、かくれキリシタンたちの結論は変わらなかった。現場の神父ならまだしも、教皇親書を携えた枢機卿の企てが失敗したとあっては、教皇の権威が傷つくと考えたとしてもおかしくない。

実際、バチカンは生月島の人々に復帰を呼びかけては断られ、しかも記録上は呼びかけたこと自体を「消してしまう」ということを繰り返していた。

教皇特使の枢機卿を招いたザビエル渡来四〇〇年の行事から十六年後、一九六五年三月には「信徒発見百年祭」が行われている。その際、当日に向け長崎大司教区が事前に印刷した公式記録誌に「各地の〈はなれ〉の代表者を式典に招待して強力な復帰の努力がなされる」（『カトリック長崎大司教区百年のあゆみ』）と予告されていた。

ただ、「百年祭」の後に発表されたのは、

「四人の五島の福江島、富江島のかくれキリシタンが受洗」

「外海、五島、長崎市内の五十六人のかくれキリシタンが式典に参列して枢機卿と対面」

という二点だけだった。予告している以上、このときもかくれキリシタンの最大の集団である生月の信徒たちにも復帰を呼びかけたに違いないが、応えのあった〝成功事例〟のみで、応えなかった生月の信徒とのやりとりは記録には残されていない。

一九四九年当時の田北はカトリックを信仰していたので、枢機卿の説得にかくれキリシタンが応じなかったという不都合な真実については、書かなかった。ただ、「枢機卿と生月の人々が面会した」という事実だけは書き残した。

これは、なぜなのだろう、と考えてみた。

教団の行動原理はわかっているし、その方針は変えられない。ただ、そうだとしても生月を見つめ続けた自分は、島の人々の思いも、無名の神父たちの努力もわかっている。対話の到達点であるこの「三十分間」の存在について、自分が書かなければ、面会の事実も、生月島の人々が真摯に信仰と向き合ってきたことも、カトリック史から消し去られてしまう――そう考えていたのかもしれない。

終章　信じ続ける意味は

ローマ教皇とキリシタン

一九六五年（昭和四〇年）に終幕した第二バチカン公会議以降、カトリックはかつて「異端視」してきたキリスト教の諸宗派や、仏教会、神社、新宗教など宗教に対する攻撃性を弱めていった。それは、「無関心」の時代への突入でもあったし、生月の信仰にも同時進行で危機が訪れていた。

「ほんとうにあなたたちは殉教者の子孫です」

ヨハネ・パウロ二世が長崎の人々に半ばジョークでこういったのは、まるで信仰を試すかのような〝壮絶な一日〟だったからだ。

史上初めてローマ教皇が日本を訪れた一九八一年二月二十六日、長崎市には後にも先にもない大寒波が訪れていた。日中に気温はマイナス四度まで下がり、視界を遮《さえぎ》るほどの猛吹雪の中、ミサ会場の市営松山競技場特設会場には、全国から五万人もの会衆《かいしゅう》が集まった。疲労や転倒で次々と救急車が出動し、三〇〇人もの人が手当てを受ける事態となった。

この日の晩、深い印象を残して教皇は日本を離れた。

教皇の来日という歴史的な契機の記録を点検していくと、三つの事実を確認することができた。

第一に、生月の信徒たちは、やはり参列しなかった。

九州朝日放送がこの年に制作した「西海の十字架」というドキュメンタリー番組で、リポーターが生月島の津元の役職者らしき男性にマイクを向けて参列しないのかと尋ねている。「教皇様が鈴木善幸首相より偉い人だというのはわかるけど、先祖が守り通してきたものを捨てるちゅうことはできん」といい、大司教区から参列の誘いがあったが断った、との答えだった。

第二に、長崎で教皇ミサが行われる前々日の二月二十四日、東京の駐日ローマ教皇庁大使館で教皇は、プロテスタントの日本基督教教団をはじめ、聖公会、日本福音ルーテル教会、ロシア正教会、救世軍まで二十六のキリスト教諸派を招いて面会していた。日本仏教会、神社本庁、新日本宗教団体連合会などほかの宗教の代表者とも言葉を交わしている。

これは戦後のカトリックの大改革であった第二バチカン公会議（一九六二年～一九六五年）から導かれてきた路線を象徴する行動だった。

公会議では、かくれキリシタンと無関係とはいえない二つの方針を採択していた。

一つは「エキュメニズムに関する教令」、もう一つは「キリスト教以外の諸宗教に対する教会の態度についての宣言」である。

「エキュメニズムに関する教令」は、キリスト教一致運動という言い方もされる。分裂したキリスト教徒が再び一致できるよう、〃対峙〃よりは〃対話〃を通じた相互理解を進めることを促した。諸宗教に対しても、他宗教の〃霊的・道徳的な価値〃を認識し保っていく方針が打ち出された。過去の軋轢《あつれき》への反省だった。

かくれキリシタンに対しても〃無理に連れ帰る〃のではなく、隣人として対話する姿勢に軟化している。

そして第三に、宗教対話の翌日、教皇ミサの前の日に長崎入りしたヨハネ・パウロ二世が十五人の日本人を司祭に叙階しているが、そのうちの一人にかくれキリシタンの末裔の神学生がいた。

「西海の十字架」は、この青年と家族にも取材している。青年は当時、人口六〇〇〇人のうち七割がかくれキリシタンといわれた上五島・奈留島《なるしま》の出身で、その父親はかつてかくれキリシタンだった。叙階式に参列するため島から船で長崎にやってきた漁師の父親が、

「苦難の道になると思いますが、頑張ってほしいと思います」

と目頭を押さえている映像が残っている。

かくれキリシタンからカトリックの聖職者になった人物ならば「バチカンは現代のかくれキリシタンをどう見ているのか」という問いを投げかけるのにふさわしい、と思えた。そしてフランシスコ一世が発したという言葉の意味も尋ねてみたかった。

教会が置き忘れたもの

浦上天主堂近くの大司教館の建物で古巣《ふるす》馨《かおる》神父（六十三歳）は出迎えてくれた。

「かくれキリシタン信仰は明治以降に変容してしまったものがかなりある。あれをカトリックと同じとは……、思いたいけれど、難しいのです」

かくれキリシタンの歴史は私の専門ではありません、と断りつつも、ラテン語混じりに教理内容を説明し、キリシタン史学者の片岡弥吉の研究を引用しながら、整然と聖職者としての立場を語った。ただその語りからは悩みながら述べていることもよく理解できた。

三十七年前、ヨハネ・パウロ二世によって、古巣神父は司祭に叙階された。

出身地の奈留島は、一四〇あまりある五島列島の真ん中に位置する、十八世紀末に外海地方から移住したかくれキリシタンの末裔の島だ。神父が生まれたのは戦後の一九五四年。古巣神父の生家は、集落で代々続く「水役」つまり、洗礼を授ける役目を持っていて、儀式もこの家に集落の信徒が集まって行っていたという。

「私の祖父の代まではそうでした。でも父が結婚する際、母が代々のカトリックだったので、改宗しなければいけない、といわれたのです。しかも、その教会の神父は祖父も祖母も一緒でなければ認めない。神父はおそらく集団改宗を目論んでいたのだと思います。

ただ、集落の大切な役割を担う家なので、生活習慣を壊さないように、かくれキリシタンの儀式は続けてよい、という条件でした」

硬軟を織り交ぜた懐柔策だった。結果、古巣少年は両方の信仰を経験することになる。

「カトリックの教会で、私は〈アベマリアの祈り〉という祈りを覚えました。『アベマリア、恵みに満ちた方、主はあなたとともにおられます』と始まります」

カトリックでは基本の祈りだ。

「これには聞き覚えがあった。かくれキリシタンの三役が祈りを済ませて食事をする際に唱える祈りが、〈がらさみちみちたもうマリア〉と始まるのです。〈がらさ〉はラテン語でgratia、つまり恵みの意味です。そこを訳すと、祈りの伝誦はあったことがわかりました。ただ、教義について理解した上で伝承されているとは、いえませんでした。少なくとも私の小さい頃には、もうね」

「もうね」という表現に、〝過去にあったものがもう失われた〟という含みがある。

禁教期の潜伏信仰の二五〇年間は、仏教や神道を隠れ蓑に、可能な限り正確に保存され続けてきた信仰の中身が、明治初年以降も隠れ蓑の方を拝み続けたために、その後、信仰は変質してしまったと見るキリシタン史学者、片岡弥吉の考え方である。

「神父がいなくなった禁教の時代、信徒は踏み絵に足をかけても、浦上や外海地方では、宣教師から教わった深い後悔の祈りを捧げることで、その都度、信仰に立ち戻ることができた。皮肉ですが、踏み絵があることで、信仰を続けることができた面があります。

本来、世界遺産で問われるべきものも、そうして〝命がけで子孫に手渡されてきたものがあるか〟という、かなり深刻な問いだったはずです」

古巣神父によれば、中核の価値はキリスト教の「祈り」と、そのための場所――つまり直接的には、復活キリシタンが建てた教会ということになる。故郷の奈留島では、一九一八年に建てられた江上天主堂とその周辺の集落が構成資産になった。

故郷の遺産の価値が評価されて喜ばしいというのではなく、古巣神父は、「教会遺産」から「潜伏キリシタン関連遺産」に名称が変わった点に複雑な思いを口にした。

「イコモスの今回のやり方には無理があったと思います。明治時代に分かれた宣教師の指導の下に入った人々と、入らなかった人々のうち、イコモスは後者の方に軸足を移してしまった。それは潜伏の信仰というより、たしかに変容してしまったものです」

念頭にあるのは、例えば平戸のキリシタンの一部が禁教時代、崇敬対象の一つにしていた安満岳のような山岳信仰までが構成資産に取り込まれたことだ。生月島にいる「島の館」の中園成生学芸員らの主張が影響した、と見ていた。

かくれキリシタンの伝統は世界遺産のキャンペーンとは異質なものだということですか——そう訊くと、古巣神父は複雑な表情を浮かべた。

「違うというか、共有できたらいいなとは思いました。でも……これは長崎が一五〇年前から抱えてきた、解決できていないままの難しい課題なんです。

カトリックは〈同じ〉になろう、という機運を高めてきました。ただもう、無理やりに帰属させるようなことはありません」

カトリックによる重点的なかくれキリシタン改宗の試みは一九八一年、猛吹雪の長崎にヨハネ・パウロ二世がやってきたときでひとまずの節目を迎えていた。

「命がけで手渡されてきたもの」という古巣神父の言葉が、取材中、胸に響いていた。

人は遺伝子を通じて身体や顔の特徴を受け継ぐが、それと同じように家族を通じて手渡されてきた生活の総体の中に、生きる知恵としての宗教があるでしょう、と語っていた。

たしかに、行き詰まった時、あるいは窮地に陥りかねない瀬戸際に、私たちは祈る。その方法のいくつかを、家族から受け取っている。

そして家族を通じて手渡されてきたのは、生月の信仰も同じだ。

そのことを古巣神父に尋ねた。

「ええ、私はいいと思うのです。生月の人たちが洗礼を授け伝えてきたものが、彼らの生活を支え、行き詰まったときに人生の救いを見出すことができるならば、過酷な歴史の中で別れてしまったものも、それとして捉えることはできると私は思う。もしかしたらね、彼らの方が、教会が置き忘れてきたものを持っているかもしれない」

古巣神父は、フランスにある「ルルドの泉」という聖地を引き合いに出した。

一八五八年に洞窟近くで出現した聖母マリアの姿を目の当たりにした十四歳の少女

が、突然現れた聖母のいう通りの洞窟の岩下の泥水を汲んだところ、これが清水となった。

この奇跡から病気治癒に効能があるとして巡礼地となり、世界中から今でも信者が相次いで訪れる有名な場所だ。古巣神父はいう。

「中江ノ島はカトリックにとってもイタリア人神父の宿主だった二人が殉教した聖地。もし日本の教会が本気になって聖なる泉だと提案をしてバチカンから認められるのであれば、巡礼地になるかもしれない。それはオーソリティーの判断の問題です」

考えてみればガスパル西玄可の墓もダンジク様も、カトリックにとっても殉教聖地なのだ。現実になるかはさておき、聖地への価値を高めるという一点をカトリック側から眺めれば何も世界遺産だけが方法ではない。

それに大岡留一さんたち生月のオヤジ役たちは「サンジュワンさまを拝んで水が出る信仰だ」と教皇特使に説いていたのだ。当時の特使は黙ってしまったけれど、他宗派にも寛容になった今だからこそ、カトリックがそこに「教会が置き忘れてきたもの」を見出す可能性はないだろうか。

二〇一四年の教皇フランシスコ一世の「神の民の一員」という発言が現存するかくれキリシタンを再評価したものなら、新しい和解の時代がぐっと近づいて見える――。

だが、教皇の発言は、全く異なる文脈で発されていた。

「あれは中国の〈地下教会〉の信者さんをはじめとしたカトリックへの迫害のある地域を念頭に発言しているのです。江戸時代の潜伏キリシタンは親から子へと洗礼を通じて信仰を守ったでしょう。ああやって仲間と結束してください、と」

アメリカの調査機関の推計では、中国にはカトリック信徒が約九〇〇万人いるとされている。政府公認の中国天主教愛国会を除く全体の約四割が中国共産党非公認の〝地下教会〟の信徒とされている。十字架破壊などの弾圧はしょっちゅう起きている。耐えしのぶ模範として、二五〇年の時を超えた信徒発見の奇跡の国、日本の例に触れただけで現存するかくれキリシタンにバチカンがエールを送ったわけではなかった。

皮肉なものだ、と思った。

たしかに弾圧の時代は去った。明治以降も伝統の信仰を続けた人々には「屈折した宗教」というレッテルが貼られた。後にバチカンはその鋭い目線を緩めるが、レッテルを剝がすというステップを踏むことはなく、関心の外に置くようになっていったのだ。

かつて教皇特使ギルロイと向き合った生月の信徒たちは改宗を選ばなかった。中江ノ島の奇跡の信仰であると同時に、生業と結びついた生活経済そのものだったからだ。

だが、ギルロイが去った後、この構造は変調していく一方だった。

生月島の経済の基幹であった漁業人口は一九六〇年代には一六〇〇人だった。八〇年代までは一五〇〇人規模を維持していたが、九〇年代に入ると急速に減少し始め、二〇〇〇年には七〇〇人と四十年前の半分に減った。六〇年に一五〇〇人あった農業人口の減少はさらに急激で、二〇〇〇年には三〇〇人と、じつに五分の一に減っている。


生業との関係でかくれキリシタンを分析した中園氏はいう。

「生月島の生産の基本パターンは牛を使った田んぼと畑の農業です。このスタイルはキリスト教が伝わって五十年ほどたった一六〇〇年頃には確立したと見られていて、宣教師がいなくなった後の生月島では生業と宗教が一体的になっていく。牛の通り道をお祓いしたり、新年におまぶり（十字架のかたちのお守り）をつくって飲ませるのもその一つです。

ところが、昭和三〇年頃から、トラクターが導入されると耕作に牛を使う必要がなくなる。すると、生活の中で意味をなしていた宗教儀式の意味がなくなってしまう」

農業、漁業以外を含めた産業人口全体で見ると、より立体的に見えてくる。

一九六〇年段階では五〇〇〇人だが、二〇〇〇年になっても三六〇〇人と四十年間を通じた減少幅は三割に過ぎない。農漁業から離れ、市役所や工場勤めなど現金収入を得られるサラリーマンを選択する者の割合が増えると、宗教と生業の関係はさらに希薄になる。

生月で過疎化が進むのは漁獲高が減る九〇年代後半以降のことになるが、その前にかくれキリシタン信仰の危機が先行していたのである。

「もはや〈戦後〉ではない」と経済企画庁が発行する「経済白書」に記されたのは一九五六年だった。実質国内総生産が戦前の水準を超えた。中園氏が指摘した農業の動力化と奇しくもタイミングが合う。〝神武景気〟と呼ばれた長い景気浮揚局面が続き、テレビ、冷蔵庫、洗濯機という「三種の神器」を日本中の家庭が買い求めた。閉じた生活空間で完結していた島の住民が、島外にある豊かさに手を伸ばしたのは当然の成り行きであった。

拝みきれる間は拝みたい

自分がしたわしく思う聖地が尊敬を集めてくれたらいい、と誰もが思う。問題はその方法で、「世界遺産」というかたちで公認してもらう方法もあるが、祈りを大切にする者同士で静かに見つめ続ける方法もある。ただ大切なことは、祈る場所であること――。

「自分が拝みきれる間は拝みたい。うちに、預からせてくれんか」

島南部の山田地区日草のオヤジ役、船原正司さんがそう提案したのは二〇〇一年、自分のオヤジ役の任期を終えるにあたってのことだった。十六年も前のことではあるが、すでに次に役を務める引き受け手はいなくなっていた。

当然、ほかの多くの津元と同じ選択肢が、その場にいた信徒たちの念頭に浮かんでいた。御前様を博物館に預け、行事はやめて津元を解散するというものだ。

船原さんの申し出にもう一軒、八つ下の船乗りの信徒が応じた。

「博物館に預けるということは先祖に対して忍びないけん、自分も一緒に拝みたい」

禁教の二五〇年以上、島の信仰の中心でもあり続けたのがこの山田地区だった。一斉改宗をさせたキリシタン領主が去った後、信仰の指導者でもあったガスパル西玄可の屋敷があり、北部の壱部や中部の堺目、元触の信徒がこの地区に伝わった教本から当初オラショを学んだことをうかがわせる伝承もあるという。

だからこそ、船原さんたちの選択に「ありがたか」という声が上がった。行事に行けなくなっても、信仰心を持つ人もいる。

「同じ垣内で拝んでくれる方がおれば、博物館にしまうのとは気持ちが全然違う」

二軒で続ける以上、行事の負担を小さくしなければむしろ自分たちの生活が続かなくなる。船原さんたちは軽減策で工夫をした。すでに先代までにも様々な工夫がなされてきた。準備が負担になっていた「脚付きの御膳」はとりやめ、それぞれが一品料理と酒を二合ほど持ち寄る形式をとっていた。船原さんたちはさらに、オヤジ役四年の任期を二年に変え、負担の期間を短くした。年間の行事も六回程度に減らした。

長く島を離れることも少なくない生活スタイルの相方の信徒がオヤジ役の二年間は、島に残る船原さんが代わって行事を担わざるをえないときもある。

「自分の判断では行事の内容を変えられない」という態度では、津元の存続が難しくなる。だからこそ自分たちの判断で柔軟に改革する〝意思〟を持ったのだった。

じつは船原さんがオラショを覚えたのは三十代後半で、初めてオヤジ役を務めてからのことだ。代々役職を務めた家庭でも、代がかわるまでの若い時分には祈りに親しむ機会は限られているためだ。信仰を継承するバトンを受け継いだ者として、船原さんは今、何を守ろうとしているのだろうか。

「根幹はキリスト教であり、とりわけこの島では聖母マリアだったように思います。聖画も多くがマリアですよね。ただ、継承していくときに、より自分たちの身にひきつけられるものとして、祀る対象に土地の殉教者を加えてきたのだと思います。それがわかるのが、オラショ。とりわけ、オラショの始まりの祈りです」

始まりには「申し上げ」という特別な祈りがあった。気にかかっていたことだ。

パライソの方に

「申し上げ」は四十分のオラショの冒頭にある祈り。合掌して、こう唱え始める。

「御願い申し上げ奉る、天中御神代なされましたる、おいえの御なーらぜすきるすと様、御母さんたまりや様、肥後のあんじょーろ様、長野のさんとー様、天のぱらいどー様、ふらんぜすこざべり様、くろすたんしょうあるみ様、お中江さんじはん様、平瀬のぱぶろ様、黒瀬辻のがすぱる様、安満岳の奥の院様、ごす天様、浜田のほーじはん様、千人松の仙右ェ門様、白浜の小一郎様、ほーの木の下のぺーとーろ様、地獄の弥一平、まりあ、じはん様……諸々の神々様に頼み奉る」

すべては書ききれないが、全三十の神様が並べられている。

私は、船原さんの先祖たちが何を引き寄せようとしていたのか、に興味があった。冒頭はイエス・キリストと聖母マリアだろう。「ふらんぜすこざべり様」とザビエルと見受ける名前もある。この「申し上げ」はどの集落のオラショでも聞いたものだ

（人数は微妙に異なる）が、その個別の名前に踏み込んで質問したのは、これが初めてだった。

「お中江さんじはん様」はふたこぶラクダの殉教聖地、中江ノ島だろう。

では、「平瀬のぱぶろ様」とは何か。船原さんが説明してくれた。

「中江ノ島の隣にある小さな岩礁があってそこを平瀬というのです。そこで処刑された人がいるんです。〈地獄〉は家族三人が殉教した〈ダンジク様〉の別名です」

二〇一七年夏に最初に足を踏み入れた際に道を塞いでいた巨石は、二〇一八年三月、ようやく撤去された。平戸市の観光予算でも文化予算でもなく、生月支所の予算で使わなかった財源を工面して充てたそうだ。船原さんが続けた。

「千人松《せんにんまつ》はこの地区で弾圧によって処刑された多くの殉教者を祀ったとされている場所。安満岳の山上にも殉教者を祀ったとされる祠があるし、白浜も、今は岸壁になっていますが、かつて砂浜だった頃の呼び名。そこで殉教された方の名前かもしれません」

これまで目にしてきた研究書や報告書に記録が残されている以上に、はるかに多くの殉教者の名前が、オラショに刻まれている。

大天使ミカエル

二〇一三年八月、島北部の壱部地区岳の下の山下伸代さんの母の実家で、江戸時代の禁教期に描かれた可能性のある新たな聖画が発見された。こんどは、〈閻魔大王似の大天使ミカエル〉。きっかけは、伸代さんの母の兄にあたる伯父が危篤に陥ったことだった。

「いとこや親族が集まって、やがてくる伯父の死に備えていたのです。母の実家には昔から神棚があって、床の間の横に観音開きのタンスがあった。法事があるとそのタンスにも御膳をお供えばしよったとは聞いていたんですが、祖父から見てはいけないといわれ、母も見たこともなかったそうです。

でも私は見たかった。すると経緯を知らなかったお嫁さんが、『え？ 見たら駄目やったと？』と青い顔になった。以前、お掃除でちょっと開けたことがあったそうなのです。

それならばと、本家の男の人が開いてみる、という決意を固めて、皆で観音扉を開いてみようとなったんですよ。そしたらボロッと崩れそうな箱が出てきて、開くとまた箱。それを繰り返して最後に、古い細長い箱の中に何か布に包まれた絵があったのです。

それが関係したかどうかはわかりませんが、管をたくさんつながれていた伯父が静かに息を引き取ったのは、その一週間ほど後のことでした。

「大切な神様のことをみんなに伝えられて安心したのかな」

発見された聖画は縦三十センチ、横十五センチの和紙に描かれていた。水色の袴を穿《は》き、体格がよく、怒ったように髪が逆立つ風貌は、力強い閻魔大王のようにも見え

発見された「大天使ミカエル」の聖画

る。

だが、右手に持つ刀は日本刀とは違う双刃の西洋のソードで、額には十字架がある。またブーツを履き、宝珠のような球体を左手に抱えている。

日を置いて中園学芸員に見せてみると、これらの特徴が西洋の聖画にある、悪魔と戦い信じる者を天へと導く〝大天使ミカエル〟と逐一符合する、と確認されたのである。

洗礼者ヨハネの証明

私が取材を始めたきっかけは、絶版になった聖画集だった。とりわけ〈ちょんまげ姿の洗礼者ヨハネ〉の聖画に魅せられた。迷いのない描線が今では島の風景と重なって見える。

本書冒頭で述べたが、島北部の壱部岳の下の八十七歳の土肥栄さんがオラショを捧げていた「洗礼者ヨハネ」の聖画は、島の信仰の牽引役だった故・大岡留一さんの屋敷に祀られていたものだ。写真では和紙に描かれていたと思っていたが、実際には上質の布地に直接描かれ、それが掛け軸に丁寧に縫いつけられていた。

しかも一枚ではなかった。二枚、同じ図像が並んでいるのだ。絵の構図も人物の表情もふっくらとした胸板も、要素は丁寧に似せてある。ただ、ぞんざいに着こなした法衣は、向かって左側のヨハネは薄い青、右側のヨハネはクリーム色と、別の色が選ばれている。

なぜ二体を一緒に祀るのか。なぜ色が違うのか。一体、誰が描いたのか。

やはり謎は残るが、優しく光をあてる人がいる。

「あのちょんまげの〝男神〟がヨハネであるとわかったのは、そんなに昔ではないんですよ。大岡さんも男神の名前を伝え聞いていたわけではなかった」

大岡さんから「島の館」の中園成生学芸員が聞いていたのは次のような内容だった。

「この人は首を斬られて亡くなった殉教者。花盛りを終えると花が丸ごとポトリと落ちるのが特徴の、椿が描かれている」

この男神の名前は伝承されておらず、イエスではないかという解釈もあったそうだ。その認識を改めたのは二十年ほど前だという。

「変容論の考え方からすると、これは地元の殉教者を描いたものでキリスト教とかけ離れている、と解説していれば済んでしまう。でも、どう見ても、椿にしろ川にしろ、何か意味のある要素で、違和感があった。それで一つずつ考え直してみると、ヨーロッパの聖画は処刑された人の状況を書き込むセオリーがある。目を潰された聖人は目が描かれ、刀で斬られた殉教者は刀が描いてある。そういう目で見る必要があるなと、考え直したわけです」

では、描きこまれている要素を挙げてみよう。

男神は「太い帯を締めている」。背景については「川が流れている」「ほとりに花の咲く木が生えている」「雲に乗った十字架」が飛翔している。加えていえば、男神は「首を斬られた殉教者（その象徴として椿が描かれている）」と語り継がれてきた。

「西洋画でキリストに洗礼を授けるヨハネの絵を見ていると、足の開き方といい、帯のぞんざいな結び方といい、男神の風貌と似た特徴を備えているように思えてきたのです。しかも聖書におけるヨハネの最期は、ヘロデというユダヤの王様に斬首される運命。そう考えると、大岡さんの話していた椿のエピソードとも符合する、と確信したのです」

ちょんまげの頭髪も、露見した際に言い逃れるために、あえて日本人風に描いたと考えると違和感は薄まる。むしろ、「保存」された要素の多さに驚かされる。

こうした〝発見〟を通じて、生月の信仰対象となっている聖画に、西欧の宗教画の要素が持ち込まれていることが次々と明らかになった。

「洗礼者ヨハネ」が生月島で聖画になっていたということは、宣教師によって「洗礼者ヨハネ」に関する物語が伝えられ、生月の信徒に聖人信仰があったという理解もできる。

中園学芸員はこの点から、もう一つの仮説を導き出している。

「殉教聖地の中江ノ島は、なぜ〈サンジュワンさま〉と呼ばれるのか。それ以前は一六二二、二四年の虐殺でジュワンという名前の殉教者が出たからだといわれていたのですが、バチカンが聖人（Saint）と列してもいないのに、生月のキリシタンが自分たちの判断で〈ジュワン〉に〈サン〉という冠をつけるだろうか、と疑問を抱いていました。

でも、洗礼者ヨハネが信仰対象だったならば、重要な聖人ですから、虐殺以前の布教期に、中江ノ島を〈サンジュワンさま＝聖ヨハネ様〉と呼んで信仰対象にしたという、説得力のある仮説が成り立ちます」

仮説は、支持を受けている。

イタリア人イエズス会士で画家のジョバンニ・ニコラオが日本で教えた西欧絵画のその後の展開を調査している児嶋由枝《こじまよしえ》早稲田大学教授は「かくれキリシタン聖画比較研究」という論文（二〇一三年、長崎県文化財調査報告書）の中で、生月のお掛け絵について「キリスト教図像として重要な要素は根本的な変更を被ることなく継承されたと考えられる」と記した。洗礼者ヨハネについて中園学芸員の解釈を踏襲した上で、「花の咲く木」は「キリストの勝利を象徴する常緑樹」、「雲に載る十字架」は「精霊の鳩に由来するもの」と読み解いた。いずれも西洋画に用いられるモチーフを継承している、とした上で、「他の宗教など異質な要素が入り込む余地はなかったと考えられる」と結論づけた。

大岡家の御前様の行事に伺った日、祭壇のすみに、「お洗濯」が終わって役目を終えた古い洗礼者ヨハネのお掛け絵（生月の信仰では「ご隠居様」と呼ぶ）が二枚、丁寧な巻物になって保管されていた。中園学芸員が保護シートを敷いて、開いてくれた。

こちらの画材は厚手の紙とみられ、相当茶けた色彩だが、構図は同じ。ただ、一枚には右肩を数か所ハサミで切り取った痕跡があった。

「大岡さんが出征されたとき、隠居の御前様の一部を身につけてお守りにしていたそうです」

胸に切った十字架

大岡さんは一九三九年（昭和一四年）に応召。整備兵として揚子江中流域の漢口《かんこう》にあった航空隊基地に配属され、やがてノモンハンに転じた。「隼《はやぶさ》」と呼ばれた一式戦闘機の整備が任務であった。その後、マレー作戦に参画したが、一九四一年には無事帰国した。

大岡さんの孫、直樹さん（三十二歳）は祖父が神様に助けられたと話すのを聞いた。「隣におった人が敵の弾にあたって死んだ。一緒にいた自分は弾が飛んでくる間も神様に拝みよったけん、助かった、といってました」

戦後直後の一九四九年、来日した教皇特使のノーマン・ギルロイ枢機卿と長崎の純心学園で面会した際は「サンジュワンさまを拝んで水が出る信仰」と胸を張ったという姿が、取材を通じて浮かんできた。ザビエルに始まった信仰を守っていることに、後ろめたさなど微塵《みじん》も感じさせなかった。島民のサラリーマン化が進み、信仰が下火になっていく時代が訪れても、「自分の目の黒いうちは拝ませてくれ」といって、必死に時代に抗《あらが》った。

朝六時半に起きて「申し上げげ」の御誦、朝食の後畑に行き、夕方戻れば必ず一番風呂に入ってまた「申し上げ」で感謝を捧げ、夕食を済ませ休む。その繰り返し。存命中、毎週日曜日は大岡さん宅の二階の御前様の部屋に御誦をあげに人が集まった。「神様の部屋の前を通るとき音を立てると『やかましか』と怒声が飛んだ。拝みよる最中だったら『外で遊べ』とね。だから静かに行動していました」

祖父の口癖は「百姓せろ」だった。農業がおろそかになれば農業に必要な神様の行事も意味を失ってしまう、という構造は体験的にわかっていたのだろう。行事を減らすことも曲げることも許さなかった。

大工だった直樹さんの父も畑に出ることが多く、大工仕事で安定した現金収入を得づらい。しかし、津元の行事では御誦（オラショ）をあげた後に集まった御誦人たちに御膳を振る舞うため、お金もかかる。

近隣の信徒は、直樹さんの父が「家族に負担をかけているとの負い目」を見てとっていた。直樹さんが幼い頃は唱えていた御誦を、いつからか父はやらなくなった。

「やめた理由？　わからないです。でも神様のことに関してはとにかく爺ちゃんは厳しかった。日曜日はどの家庭もいろいろほかに用事があるですたい。父は一度、行事減らさんかと爺ちゃんに持ちかけたんです。でも爺ちゃんは、それはできんって」

〝抗議の実力行使に出た〟と近所に受け止められる出来事があった。

二十年近く前の八月の終わり、「ぱっさりともいわせんひ」という聖日のことだった。

死者がアニマ（魂）の名を告げる天からの声を聞き逃すと天国に行けなくなるので、

俗世では仕事の音を立てることがはばかられる日だった。ところがあろうことか、直樹さんの父がわざわざこの日を選んでトラクターで畑に出た。近所の信徒の間で、津元の息子が、そんなことをしてはいけない、と大騒ぎになったという。

直樹さんの父はその数年後、自ら死を選んだ。

取材を通じて、私は、信仰を保存する大岡留一さんの愚直さに畏敬の思いを抱いてきた。でも、胸が苦しくなる。私は今、亡くなった直樹さんの父と同い年にあたり、二人の子の父親でもある。同じ立場にいたらどうすることができただろう。

祖父からも父からも、直樹さんは「お前は長男やけん」といわれて育った。部活には入らず、田んぼで泥んこになって放課後を過ごし、川で服を洗濯して帰った。小学校二年のある日、朝五時に起きてお授けを受けている。生月で洗礼を受けたほとんど最後の一人だ。

先輩から「オラショを覚えろ」といわれるし、教わりたいと思う半面、同年代に同じく洗礼でつながった仲間はいない。ライバルもおらず、なかなか一歩が踏み出せない。

「ただ、神様だけはちゃんと祀っておきたい。その気持ちは自分には強いです」

インタビューを終えようとしたとき、直樹さんが「あとね」と制した。

「最後に爺ちゃんが死んだとき、右手の親指を胸の上に立てていました。指のくせなのかな、十字を切った後みたいに」

横で聞いていた中園学芸員がつぶやいた。

「それはもうあれやな、大岡さんは本当に、パライゾに行ったんやな」

「大浦天主堂のようになります」

信徒発見の現場となった長崎のカトリックのシンボル「大浦天主堂」は一九六二年(昭和三七年)、司教座を原爆による大破から再建された浦上天主堂に譲った。

「長崎と天草地方の潜伏キリシタン関連遺産」の筆頭である大浦天主堂に初めて行ったのは、取材開始から半年後だった。生月も天草も長崎空港から二時間以上かかる。移動時間がネックになり、中心に近い大浦天主堂はいつでも行ける、と後回しにしていた。

でもそれは間違いだった。司教座の地位を譲った大浦天主堂はもう、宗教的な中心地ではない。宗教色が後退した代わりに、観光ビジネス色が色濃くなっていた。その変化をもっと先に体感しておくべきだったと思ったからだ。

港に近い参道の入り口から二〇〇メートル、石畳の坂を上る道は、門前町みたいに土産物店が所狭しと立ち並ぶ。

生真面目な神父ほど、担任する教会が世界遺産候補になることを、異口同音に敬遠したという話を何度か耳にした。大浦天主堂のようになります、と。

天主堂の拝観料は六〇〇円（二〇一八年四月から一〇〇〇円に値上げ）、もはやここは「祈りの場」ではなかった。

信徒のためには大浦教会という別の御堂が近所に建てられており、大浦天主堂を教会として使うのは、極めて限られた記念行事のときのみだ。

くさくさした気持ちで坂道を下り、さらにこんな看板に出くわした。

「フランスよりルルドの水　届いております」

矢印に沿って路地を入ると「聖コルベ館」という建物でグッズを販売している。「奇跡の聖水」は五〇cc の小瓶で三〇〇円という価格がついていた。

もちろん高いものではないが、聖水が商材になっていることに、なんだかがっかりしてしまった。

観光政策は、過疎に悩む地方自治体の大義になりやすい。

九州西岸の各地の教会を回る際に「インフォメーションセンター」に予約を入れてお

いていただけますか」と何度かいわれた。空港から二時間もかけて僻遠《へきえん》の教会まで足を運んで、こちらは建物の目の前にいるのに、なぜ都会の長崎市の窓口に電話しなければいけないのか。そう苦言を呈すると、相手も「そういうことらしくて」と困っているようだった。

その窓口の正式名称は「長崎と天草地方の潜伏キリシタン関連遺産インフォメーションセンター」という。二〇一四年に「NPO法人世界遺産長崎チャーチトラスト」が設立した観光案内の組織だ。構成資産となった教会は信仰の場でもあるという理由で、訪れる観光客に対して必ずセンターを通じて予約するよう求めていた。

母体の世界遺産長崎チャーチトラストは二〇〇七年に設立され、理事には長崎県元副知事の柴田芳男氏がしっかりと再就職していた。

世界遺産というブランドに目がくらんでいるうちに、静謐《せいひつ》な祈りの場を〝キリスト教でない何ものか〟に変容させているのは、そっちの方ではないのか——。

二〇一八年五月の黄金週間。パリに本拠を置くイコモスから「登録が適当」との勧告内容が知らされると、カトリック長崎大司教区の高見三明《たかみみつあき》大司教は、「(大浦天主堂などの教会資産の)所有者の一員として率直に喜びたい」との談話を公表した。教会資産がある地域では、横断幕を手に関係者が「活性化の起爆剤になる」と笑顔で話す姿が報じられた。

十二の構成資産に生月島の名前は消えたままだが、信徒が「サンジュワン様」と奉じる中江ノ島や、組織的なかくれキリシタンの信仰が一九九〇年代まで残っていた春日集落は、構成資産に入った。

連休明けの「島の館」。中園成生学芸員が新しい仕事に追われていた。

「世界遺産のことを正確に伝える展示をつくらなければいけませんからね。この平戸・生月のキリシタン史の〝本当の価値〟を伝える内容です。それは、禁教時代の歴史だけではなく、キリスト教が伝わった始まりの歴史と、禁教が解けた後もそのかたちを今に残しているかくれキリシタンのことまできちんと含めて、表現するつもりです」

祈りのかたちが今後、どれだけ続くかはわからない。だが、確たる意思で記録された〝本当の価値〟を学ぶことはできる。

それは、観光客でしかない私たちにもできることだと思った。

あとがき——置き忘れてきたもの——

かくれキリシタンの血統にある長崎大司教区の司祭、古巣馨神父はいった。

「長崎という街はまだ歴史を消化しきれていないんです。硬いものが混ざっているのに驚いて吐き出してみたりね。どの立場でもここまでは合意できる、となるまでの時間が足りていない」

浦上という地域一つとってもそうだ。禁教が解けたはずが、信徒は明治政府に配流に処され、拷問を受けた。帰村した後に踏み絵を強いられた庄屋跡に教会堂を建てたが、それから二十年後、一九四五年八月九日にアメリカが投下した原子爆弾によって吹き飛ばされてしまった。カトリック信徒の永井隆は「原爆は神の摂理」と書いて一時はもてはやされ、後に批判を浴びた。

鐘楼の一つは、再建された浦上天主堂の丘の下でそのまま無残な姿で保存され、平穏な日常に違和感を残している。再建された建物は戦後のもので、世界遺産の構成資産には含まれていない。

　世界遺産登録は、短期的には長崎の観光政策に恩恵を生み出すかもしれない。だが、この枠組みで考えるほどに、大切な部分が抜け落ちてしまうように思える。それは家族を通じて静かに手渡されてきた「祈りのかたち」という、無形で、言葉では捉えきれない遺産である。

　本書では、長崎純心大学の宮崎賢太郎客員教授と平戸市生月町博物館「島の館」の中園成生学芸員の間の論争を紹介した。調査の時期に多少のずれはあるが、宮崎教授と中園学芸員が観察している生月島の「オラショ」に違いがあるわけではない。

　中園学芸員も変容が一部に生じていることを認めているし、宮崎教授もオラショの文句が「じつによく保存されている」とも見ている。ただ決定的に違うのは、オラショを「教義を伝えるもの」と見るか、「神への通路をひらくもの」と見るか、である。

　興味深いことに、かくれキリシタンの祈りの文言の解釈をめぐって、双方とも〝現代人の発想〟から離れることを求める。かたや宮崎教授が「過去の信者の信仰理解」について現代人のロマンチックな思い込みを捨てろといい、他方で中園学芸員は「教義が理解できなければ祈りではない」という観念論的な発想から抜け出せという。

　じつは私たち現代人の宗教理解が問われているように思えてくる。

もちろん、洗礼を受けながら教会から遠ざかっていた私も例外ではなかった。

明治期に禁教が解かれ、弾圧される環境が取り払われた後も、生月の信仰は一五〇年も維持されてきた。信徒の経済生活と密接に結びついていたことは見逃せない。だがその紐帯《ちゅうたい》がほぐれつつある現在、信仰の維持が難しい局面にあるのはたしかだ。

「今後も伝え続けられるのでしょうか」と尋ねると、古老の土肥栄さんは、こう答えた。

「この信仰は、家族が団結して、協力するのでなければ、持っていかんとです。親父は親父、妻は妻、子供は子供という考えでは、続けてはいけない。昔の人は、それが少々嫌でも、やらないといけんという気持ちがあった。その精神じゃなかですか」

生きていくのに必要な教えは、じつは平凡でつまらなく見えるものだ。十代の頃の私がそうだった。正しすぎて退屈な祈りに、飽きてしまったのだ。

続けようと思えばいくらでも続けられた信仰を放棄した私と、過酷な環境をかいくぐり信仰を続けた生月の人々。その違いは、失ってはいけない祈りであると自覚しているかどうかだ、と思った。

生月島で、私は、これからも家族を通じて祈りを伝えようとする人たちに会った。彼らは祈りを暗唱するだけでなく、まめに日記をつけ、古老の話に熱心に耳を傾けていた。禁教も弾圧もない時代だからこそ、単なる習慣では、信仰は続かない。記録し残そうという確固たる意思を持たなければ、簡単に、記憶や記録から消されてしまうからだ（バチカンと生月島の信徒代表の重要な対話の記録がカトリックの歴史からは消されていた）。

その意思に、私はいつも、敬意を抱いた。「祈りのかたち」は世界遺産にはならない。だが、この辺縁の島の人々の〝伝えようとする意思〟こそ、宗教が痩《や》せていく現代に、見出されるべき価値に違いない。

それこそ、教会が置き忘れてきたものであり、私たちが置き忘れてきたものではないだろうか。

末筆にはなるが、質問の多い観光客であった私を快く受け入れてくださった長崎純心大学の宮崎賢太郎客員教授、平戸市生月町博物館「島の館」の中園成生学芸員、そして多くの生月島の信徒の方々に、改めて心より感謝を申し上げたい。

広野真嗣

文庫版解説

島田裕巳（しまだ・ひろみ）

キリスト教は一神教であるとされる。

たしかに、キリスト教では「主」という形で、この世界の創造主である唯一絶対の神が信仰の対象になっている。一神教の伝統はユダヤ教にはじまり、それがキリスト教に受け継がれた。さらにはイスラム教につながっていくというのが宗教史における基本的な理解になっている。

しかし、キリスト教の実態を観察してみるならば、とくに本書で問題になるカトリックのあり方を見てみると、果たして一神教と言っていいのか、そのこと自体がかなり怪しく思えてくる。

一神教では、偶像崇拝が禁止されている。さまざまな偶像を崇拝の対象にすれば、神の絶対的な立場が揺らぐからだ。

ところが、キリスト教の世界では、誰もが知るようにキリスト教美術が発展している。神の姿が描かれること自体は少ないものの、神と一体化したイエス・キリストの姿は膨大な数、描かれてきた。しかも、幼子イエスは母マリアとともに描かれている。

いわゆる聖母子像である。これからすれば、キリスト教において偶像崇拝が禁止されているようにはまったく見えない。

こうしたキリスト教のあり方は、偶像崇拝を徹底して禁じてきたユダヤ教やイスラム教とは根本的に異なっている。美術史家の圀府寺司《こうでらつかさ》は、『ユダヤ人と近代美術』（光文社新書）のなかで、モーセの十戒で偶像崇拝が禁じられているため、「敬虔なユダヤ教徒であれば、画家、彫刻家になるという選択肢どころか、手すさびに絵や彫刻を制作することも許されなかった」と記している。

イスラム教でも事情は同じだ。礼拝所であるモスクを訪れても、華麗なタイルが用いられ、装飾性は豊かだが、絵画や彫刻はそこには見られない。モスクの壁を飾っているのは、聖典コーランに登場するアラビア語の神のメッセージだけである。

さらに言えば、キリスト教は多神教の性格さえ持っている。

何よりそれは、キリスト教の教義の核心に位置する三位一体論に示されている。三位一体とは、神とその子、イエス・キリスト、そして、キリストを受胎させた聖霊は、位格としては三つだが一体の関係にあるという教えだ。一体なのだから神は結局一つではないかとも言えるが、神とイエス・キリストは異なる存在ととらえられてきた。

その証拠に、マルコによる福音書では、十字架刑に処せられたイエス・キリストは、三日目に復活し、弟子たちの前に姿を現した後、「天にあげられ、神の右にすわられた」と記されている。神の右に座ったということは、イエス・キリストが神とは別の存在であることを意味する。

それだけではない。

本書の第七章において、戦後日本を訪れたバチカンのギルロイ枢機卿が、日本にキリスト教を伝えたフランシスコ・ザビエルの聖腕を携えてきたという話が出てくる。ザビエルの遺体は死後腐敗しないという奇跡を起こしたので、右腕は切断され、教会に安置され、崇拝の対象になってきたのだ。

これは、キリスト教の世界では広く見られることである。

キリストをはじめ、聖母マリアや殉教した聖人たちの遺物は、カトリックの信者にとって極めて重要な信仰対象になってきた。これは一般に聖遺物《せいいぶつ》と呼ばれるが、それは主に遺骨で、他にも十字架に架けられたキリストを突いた槍（ロンギヌスの槍）や、キリストの顔が浮き出た聖骸布《せいがいふ》などが含まれる。

ヨーロッパ各地にあるカトリックの教会は、こうした聖遺物を祀るための施設である。バチカンのサン・ピエトロ寺院にも聖ペテロの聖遺物が安置されている。カトリック教会は、そうした信仰を、「聖遺物崇敬」と呼んで、神やイエス・キリストへの

「信仰」とは区別しようとしているが、外側から見れば、聖遺物信仰にほかならない。

極めつけは聖母マリアへの信仰だ。これも、カトリック教会は「マリア崇敬」と呼ぶが、一般のカトリック信者にとって、救いをもたらしてくれるのは神やキリストではなくマリアである。こうした信仰は、むしろ近代になってから高まってきた。本書に出てくるルルドの泉も、それが出現したのは一八五八年のことである。

厳格な一神教であるイスラム教からすれば、カトリックの信仰世界は、父なる神と、子なるイエス・キリスト、そして母なるマリアを同時に信仰する多神教に見えてくる。キリスト教は決して純粋な一神教ではない。一神教から大きく逸脱したものである。

こうしたキリスト教、とくにカトリックのあり方は、日本人が考えるキリスト教の姿とは大きくくずれている。日本のカトリックにも、マリア崇敬は深く浸透しているが、聖遺物崇敬はほとんど入ってこなかったからである。

しかし、中世ヨーロッパの人々は聖遺物に熱狂した。十字軍が派遣された目的も、聖地エルサレムを奪還するだけではなく、その周辺に残されているであろう聖遺物を収集し、ヨーロッパに持ち帰ることにあった。

日本では明治に入ってキリスト教の禁教が解け、欧米から数多くの宣教師がやってきた。彼らがもたらしたのは近代化され合理化されたキリスト教の信仰であった。だからこそ、上層階級や知識人に受け入れられたのである。キリスト教を庶民にまで広げるなら、奇跡を引き起こす聖遺物崇敬を伝えた方がはるかに効力を発揮したはずで。

そもそもキリスト教は、発祥の時からその姿を大きく変えてきた。

当初は再臨信仰が中心で、すぐにも世の終わりが訪れ、最後の審判によってキリストが再臨し、善なる者を天国へ誘い、悪を犯した者を地獄に落とすと信じられていた。

しかし、世の終わりは訪れなかった。そこから教会こそが救いを与えてくれるという信仰が強調されるようになり、洗礼、堅信、聖体、告白、結婚、塗油、叙階の七つが秘跡と定められた。カトリック教会は、ローマ教皇を頂点としたピラミッド構造をとり、世界をまたにかけた巨大組織に発展するが、教皇という神以外の人間に絶大な権威を与える仕組みも、一神教からは逸脱していると見ることができる。神のもとでは、すべての人間は平等のはずだからである。

その後、原罪と贖罪ということがキリスト教信仰の核心に位置づけられるようになる。これもユダヤ教にはなかった考え方で、キリスト教の初期の段階でも見られなかった信仰である。教会は贖罪を与える場になり、十字軍に参加する呼びかけも、従軍すれば贖罪がもたらされるということを売り物にしていた。

ついには、カトリック教会は集金のために免罪符（贖宥状《しょくゆうじょう》）を発行し、その批判からプロテスタントが誕生したとされる。プロテスタントの誕生によって大きく変わったのは、教会の権威が突き崩されたことと、聖書が各国語に翻訳され、一般の信者でも読めるようになったことである。

しかし、カトリックは、プロテスタントの存在を認めず、それは自分たちの教会から信者を奪い取るという行為として解釈している。日本のカトリックの中心、カトリック中央協議会のホームページでは、現在においても、宗教改革に対抗する形でカトリック教会に起こった動きを、「プロテスタント運動に染まっていった多くの地域をカトリックに戻す」試みとしてとらえている。

プロテスタントに対抗したカトリックの試みは反宗教改革とも呼ばれるが、ザビエルがその創立者の一人に数えられるイエズス会という修道会の結成も、その流れのなかでの出来事であった。

イエズス会は海外での布教に力を入れたが、その特徴は宣教活動と貿易とをセットにしたことにある。もちろん海外布教には資金的な裏づけが必要だが、ザビエルは商才にたけていて、資金提供者に対して、日本と貿易を行う上でのアドバイスを積極的に行った。ザビエルが来日したのは布教のためだったのか、それとも貿易のためだったのか。その判断は難しい。キリスト教の歴史のなかでさまざまな修道会が結成されるのは清貧を実現するためだが、イエズス会には宗教ビジネスとしての側面があった。

ザビエル以降の宣教師たちが日本に伝えたキリスト教はいったいいかなるものだったのだろうか。現在の私たちがイメージするものとかなり異なっていたことは間違いない。ザビエルは、まずは天皇に布教の許可を得ることでキリスト教を広めようとしたが、信者の数を増やすことが中心だった。

ザビエルは当初、神のことを密教の本尊である大日として広めようとしたわけだが、布教を容易にするため、彼らは仏教用語を積極的に活用した。天国はパライソとも呼ばれたが、後生という仏教用語で説明されることも多かった。当時の日本人は、仏教の僧侶を含め、キリシタンを仏教の新しい一派として認識していた節がある。

本書には、かくれキリシタンが意味のわからないオラショを唱え続けているという話が出てくるが、ザビエルの時代、祈禱のための文句はすべてラテン語で、一般の信者には意味がわからなかった。それが各国語に翻訳されるのは第二バチカン公会議以降であり、一九六〇年代になってからのことである。

ところが、カトリックの信者のなかには、ラテン語の祈りがなくなったことで、ありがたみが薄れたと考えている人たちが少なくない。葬式のお経と同じことで、意味がわかるということは、神聖性を失わせることにも結びつくのである。

かくれキリシタンの信仰は禁教の時代を経て変容したとされている。しかし、キリシタンの信仰が広まった一六世紀において、キリシタンに改宗した人々がいったいどのような信仰を持っていたのかは必ずしもよくわかっていない。本書でも指摘されているように、変容の過程もわかっていない。

その際に重要なことは、カトリックの正統とされる信仰も一六世紀と現代とでは決して同じものではないということである。

大きく変わったのはどちらなのか。かくれキリシタンの信仰なのか、それとも一般のカトリック教会の信仰なのだろうか。

かくれキリシタンの信仰の方がはるかに昔のものを保っている側面がある。だからこそ、彼らはカトリックへの復帰を堂々と拒否してきたのだ。

かくれキリシタンの信仰のなかに既存の神道や仏教の信仰が習合しているということについても、キリスト教は中東からヨーロッパに広がっていくなかで、各地にあった土着の信仰を取り入れていったことと共通する。クリスマスが、キリスト教からすれば異教における冬至の祭を取り入れて成立したことはよく知られているが、イースターなども同様である。ただ、すべてをキリスト教化することで、土着の信仰を取り入れたという事実を隠蔽してしまっているだけなのである。

日本人全般の信仰を考えても、さまざまな信仰が習合するのは当たり前のことである。中世から近世にかけては神仏習合という事態が生み出され、神道と仏教の信仰は融合してきた。そこにキリシタンの信仰が含まれても何ら不思議なことではない。

神仏習合という事態は、明治に時代が変わるときの神仏分離によって解体されてしまったが、かくれキリシタンの世界には、神仏分離以前の日本人の信仰が、そのまま保存されていると見ることもできるのだ。

しかし、生活に根差した信仰は、生活のあり方が変われば存続が難しくなる。まさに現代のかくれキリシタンは、そうした事態に直面している。ただし、彼らに復帰を呼び掛けてきたカトリックの側も、実は同じ事態に直面している。

西ヨーロッパでは、キリスト教離れが進行し、カトリック教会でも、日曜日の礼拝に来る信者の数が大きく減っている。高齢者ばかりで、ミサも閑散とした状況にある。そうなると教会の維持が難しくなり、売却される教会も少なくない。売却先として多いのは、イスラム教のモスクである。移民によってイスラム教徒が増えているからだ。また、カトリックの強いフランスなどでは、聖職者の成り手が激減している。

見逃せないのが中南米で起こっている動きである。中南米は全般にカトリックの信仰が広まっており、ブラジルなどはその牙城と言われてきた。

ところが、近年はカトリックからプロテスタントの福音派に改宗する動きが加速している。原因は経済発展と都市化にあると考えられる。新たな仕事を求めて都市に出てきた人々は、カトリックの信仰世界から離れ、都市にふさわしい新しい信仰に魅力を感じるのだ。それは日本の高度経済成長期に新宗教が拡大したのと同じ事態である。

フランシスコがローマ教皇に選ばれたのも、それが関係する。彼はアルゼンチンの出身で、中南米出身のはじめての教皇である。なんとか中南米のカトリックを立て直したい。それがバチカンの願いなのである。

二〇一九年にフランシスコが教皇として三八年ぶりに来日したのも、日本における信仰を強化するためにほかならない。核廃絶の呼びかけが第一の目的ではなかった。

カトリックの信仰も、かくれキリシタンの信仰も、地域共同体の結束が強い地方では有効なものでも、それが弱い都市部では浸透が難しい。どちらも伝統的である分、古くさい信仰であるところに共通性がある。

カトリックの信仰は長い歴史を経ているだけに、それを改めることが容易ではない。聖職者の性的虐待の問題についても、バチカンがその解決に積極的だとは思えない。女性の司祭などもってのほかだというのが、カトリックの基本的な姿勢である。

カトリックのあり方として特徴的なのは、正統と異端とを厳格に区別するところにある。しかも、異端に対してはそれを許そうとしない。中世の異端審問が、それを明確に示している。カトリック教会が、かくれキリシタンに対して寛容ではないのも、それが影響している。正統から外れた信仰を認めることができないのだ。

そうした姿勢をとってきたカトリック教会としては、なぜ禁教が解けたのにかくれているように、かくれキリシタンは復帰しないのか。それが理解できない。だが、本書でも詳しく述べられていうように、キリシタンの側には復帰しないはっきりとした理由がある。おそらくかくれキリシタンは、カトリック教会に復帰しないまま、歴史の舞台から姿を消していくのであろう。

本書の特徴の一つは、カトリック教会の側の潜伏キリシタンとかくれキリシタンとの区別に強い違和感を表明していることにある。

区別を厳格にする動きの旗振り役をしている宮崎賢太郎長崎純心大学客員教授は、東京大学文学部の宗教学研究室における私の先輩でもある。

一九八〇年代のはじめのことだが、一度、長崎市内の宮崎先輩の自宅を訪れ、泊めてもらったことがあった。それは八二年七月の長崎大水害から間もない時期のことだ。

宮崎先輩は、そのとき、洪水が自宅の近くまで迫っていたが、幸い難を逃れたという話をしていた。それはカトリックの信仰を持っているからだというのである。

そのときの私は、いくら宮崎先輩がカトリックの敬虔な信者であるとは言え、宗教学という学問を学んできた人間が、そんなことを言い放っていいのかと驚いた。

かくれキリシタンの聖地である中江ノ島で、カトリックの信者が祈っても水が出ないが、かくれの信者が祈ると水が出るという話を読んで、私はそのときのことを思い出した。

いろいろなことわざが頭をよぎるが、あえて書くことは止めておこう。

ただ、宮崎先輩という敵役が登場することによって、本書はより魅力的で、ミステリーの趣を呈するようになった。本書は、著者の現地における違和感から生み出されたものだが、そこには、ここまで述べてきたような複雑な背景がある。

著者も実はそうだとも言えるが、かくれキリシタンの研究者はどうしてもキリスト教の信者になりやすい。そうでなければ、研究する動機がないからだ。ただ、信仰がかかわると、モノの見方は歪む。本書は、そうした歪みを明るみに出したことで、アカデミズムに対する貴重な批判にもなっているのである。

（宗教学者・作家）

■主要参考文献

谷川健一・中城忠・中園成生『かくれキリシタンの聖画』（小学館、一九九九年）／佐滝剛弘『「世界遺産」の真実』（祥伝社新書、二〇〇九年）／木曽功『世界遺産ビジネス』（小学館新書、二〇一五年）／五野井隆史『日本キリスト教史』（吉川弘文館、一九九〇年）／五野井隆史『キリシタン信仰史の研究』（吉川弘文館、二〇一七年）／中園成生『かくれキリシタンの起源』（弦書房、二〇一八年）／外山幹夫『松浦氏と平戸貿易』（国書刊行会、一九八七年）／近藤儀左ヱ門『改訂版生月史稿』（芸文堂、一九九八年）／片岡弥吉『日本キリシタン殉教史』（時事通信社、一九七九年）／レオン・パジェス『日本切支丹宗門史』（岩波文庫、一九八三年）／ルイス・フロイス『日本史』（東洋文庫、一九六三〜七〇年）／坂井信生『明治期長崎のキリスト教』（長崎新聞新書、二〇〇五年）／古野清人『隠れキリシタン』（至文堂、一九六六年）／大畑博『生月里旧キリシタン 御誦詞と行事』（一九八七年）／田北耕也『昭和時代の潜伏キリシタン』（日本学術振興会、一九五四年）／皆川達夫『オラショ紀行』（日本基督教団出版局、一九八一年）／小泉徹『宗教改革とその時代』（山川出版社、一九九六年）／大貫隆ほか編集『岩波キリスト教辞典』（岩波書店、二〇〇二年）／宮崎賢太郎『カクレキリシタンの信仰世界』（東京大学出版会、一九九六年）／宮崎賢太郎『カクレキリシタン』（長崎新聞新書、二〇〇二年）／宮崎賢太郎『潜伏キリシタンは何を信じていたのか』（ＫＡＤＯＫＡＷＡ、二〇一八年）／片岡弥吉『かくれキリシタン 歴史と民俗』（ＮＨＫブックス、一九六七年）／片岡弥吉『踏絵 禁教の歴史』（ＮＨＫブックス、一九六九年）／片岡弥吉『長崎のキリシタン』（聖母文庫、一九八九年）／遠藤周作『沈黙』（新潮文庫、一九八一年）／遠藤周作『かくれ切支丹』（角川書店、一九八〇年）／遠藤周作『走馬灯』（毎日新聞社、一九七七年）／遠藤周作『切支丹の里』（中公文庫、二〇一六年）／大石一久『天正遣欧使節 千々石ミゲル』（長崎文献社、二〇一五年）／松本仁之作

『生月のキリシタン』（カトリック書店、一九三一年）／ダグラス・マッカーサー著・津島一夫訳『マッカーサー大戦回顧録』（中央公論新社、二〇〇三年）／袖井林二郎『マッカーサーの二千日』（中央公論新社、二〇一五年）／レイ・ムーア編『天皇がバイブルを読んだ日』（講談社、一九八二年）／吉田小五郎『ザヴィエル』（吉川弘文館、一九五九年）／片岡弥吉『永井隆の生涯』（中央出版社、一九六一年）

■論文・雑誌記事

片岡弥吉「信者発見当時の最初の発言者について」『キリシタン文化研究会会報』一九六六年十月／田北耕也「キリシタン現地報告（一）」『声』一九五一年九月号／田北耕也「サンジュアンさまの歌」『声』一九五一年十一月号／田北耕也「サンジュアンさまのお水」『声』一九五二年一月号／柳谷武夫「片岡彌吉先生の業績」『キリシタン研究第二十一輯』一九八一年十月／柳谷武夫「片岡彌吉先生著述目録」『キリシタン研究第二十一輯』一九八一年十月

■統計・報告書

カトリック教区連盟「カトリック年鑑一九四八」／カトリック教区連盟「カトリック年鑑一九五〇」／カトリック中央協議会「カトリック年鑑一九八五」／キリスト教年鑑編集委員会「キリスト教年鑑二〇一四」／カトリック復興委員会編「聖ザビエル渡日四百年記念巡礼」／キリスト信者発見百周年行事委員会編「カトリック長崎大司教区百年のあゆみ」（一九六五年）／「長崎県のカクレキリシタン」（長崎県教育委員会、一九九九年）／平戸市生月町博物館・島の館「改訂版生月島のかくれキリシタン」（中園成生編集、二〇一七年）

――本書のプロフィール――

本書は、2018年6月に刊行された『消された信仰「最後のかくれキリシタン」――長崎・生月島の人々』に加筆・修正して文庫化しました。登場する人物の年齢・肩書き等は取材当時のものです。

小学館文庫

消《け》された信仰《しんこう》

「最後《さいご》のかくれキリシタン」——長崎《ながさき》・生月島《いきつきしま》の人々《ひとびと》

著者 広野真嗣《ひろのしんじ》

二〇二一年五月十二日　初版第一刷発行

発行人　鈴木崇司

発行所　株式会社 小学館

〒一〇一-八〇〇一
東京都千代田区一ッ橋二-三-一
電話　編集〇三-三二三〇-五九六一
　　　販売〇三-五二八一-三五五五

印刷所——凸版印刷株式会社

この文庫の詳しい内容はインターネットで24時間ご覧になれます。
小学館公式ホームページ　https://www.shogakukan.co.jp

ISBN978-4-09-407015-6